NÃO
DEIXE
PRA SER
FELIZ
DEPOIS

IQUE CARVALHO

NÃO DEIXE PRA SER FELIZ DEPOIS

SOBRE O AMOR E OUTRAS
EXPERIÊNCIAS EXTRAORDINÁRIAS

Copyright © Ique Carvalho, 2023
Copyright © Editora Planeta do Brasil, 2023
Todos os direitos reservados.

Preparação: Matheus de Sá
Revisão: Fernanda França e Thayslane Ferreira
Projeto gráfico e diagramação: Kalany Ballardin
Ilustrações de miolo: Elivelton Reichert
Capa: Ique Carvalho
Adaptação de capa: Fabio Oliveira

Dados Internacionais de Catalogação na Publicação (CIP)
Angélica Ilacqua CRB-8/7057

Carvalho, Ique
 Não deixe pra ser feliz depois: sobre o amor e outras experiências extraordinárias / Ique Carvalho. - São Paulo: Planeta do Brasil, 2023.
 176 p.

ISBN 978-85-422-2157-2

1. Desenvolvimento pessoal 2. Felicidade I. Título

23-1598 CDD 158.1

Índice para catálogo sistemático:
1. Desenvolvimento pessoal

Ao escolher este livro, você está apoiando o manejo responsável das florestas do mundo

2023
Todos os direitos desta edição reservados à
EDITORA PLANETA DO BRASIL LTDA.
Rua Bela Cintra, 986 – 4o andar
01415-002 – Consolação
São Paulo-SP
www.planetadelivros.com.br
faleconosco@editoraplaneta.com.br

Este livro foi escrito por uma mãe e por um filho.

Todas as histórias são reais.

Ei! Este livro tem trilha sonora!

Pegue o celular (e um fone de ouvido se precisar!),
aponte a câmera para os códigos
e ouças as músicas que eu separei
especialmente para cada texto. Como sempre,
para facilitar eu fiz uma playlist completa também,
que você acessa pelo código abaixo:

SUMÁRIO

11 Já passei por essa loucura (1)
16 Já passei por essa loucura (2)
19 A lasanha da madrugada
22 O encontro
25 Bons pais, bons filhos
28 Decisão
31 Reencontro com o passado
36 Amor-próprio
40 O futuro que eu quero pra mim
42 Como ser ridículo
45 Fuja da encrenca
47 Quem ama liberta (1)
49 A garota do Instagram
52 Sou uma ema
57 Quem ama liberta (2)
60 #ressaca
62 Enigma
66 Se amar fosse fácil, qualquer um o faria
69 Como superar uma perda
72 Quebrando as regras
75 Não temos muito tempo
77 Medo e coragem
80 Quando você vai me ouvir?
82 Resultado
84 Sorrindo
88 Problema sério
90 Eu sempre soube

- 94 Na igreja
- 97 Um tipo de amor (1)
- 99 Um tipo de amor (2)
- 101 Brisadeiro
- 103 No cemitério
- 105 Deixar partir
- 108 Fantasias
- 110 Aniversário
- 113 Um lema
- 116 Eu vou te esperar
- 118 Não desista
- 121 Abra as janelas
- 124 Confissão
- 128 Lutar ou fugir
- 132 Anjo
- 134 Realizando o impossível
- 136 Mensagem enviada
- 138 Sem roteiro
- 141 Jogos
- 144 Sem empecilhos
- 146 Quer namorar comigo?
- 149 Você ainda é aquela
- 151 Que bom te ver
- 154 Se essa for a última vez
- 158 O último conselho
- 160 O pedido
- 163 Meus votos de casamento

Já passei por essa loucura (1)

PARA OUVIR ENQUANTO LÊ:
Damage – Caleb Hearn

Meu nome é Lu Carvalho. Sou mãe do Ique. E sou avó.
Fiquem tranquilos.
Nunca serei a pessoa que te pergunta sobre filhos.
Eu nunca vou perguntar se você os quer ou se você está tentando tê-los.
E prometo que nunca, jamais, irei julgar as suas escolhas de vida.
Não sei exatamente o que você está procurando por aqui.
Mas, se você quer passar um tempo conversando sobre o amor e outras experiências extraordinárias,
Eu tenho uma história para te contar.
Engravidei e me casei com apenas vinte anos.
Quando descobri que estava grávida, decidi – acima de tudo – que era minha responsabilidade não enviar um idiota para o mundo, e tentei fazer isso da melhor maneira possível.
Eu era um pouco obcecada com planejamento e gostava de pensar no futuro.
Meu primeiro filho foi todo planejado.
Claro que você já ouviu

✳

sobre como as pessoas planejam suas famílias.
Como nossos bebês e nossas vidas precisam sempre parecer perfeitos!
Suéteres perfeitos, vestidos de renda perfeitos, All Star perfeitos, cortes de cabelo perfeitos, casa perfeitamente limpa com brinquedos perfeitamente organizados.
Comigo não foi diferente.
Eu e meu marido juntamos dinheiro, financiamos um apartamento,
pintamos o quarto,
e fizemos sexo em junho, três vezes ao dia,
para ter certeza de que iria nascer em março e ser pisciano.
Engravidei em julho. No meio da gravidez, meu marido perdeu o emprego.
Vendemos o apartamento e nosso filho ariano nasceu em meados de abril.
Não tenho culpa.
Planejei tudo, mas não deu certo.
Depois que meu filho nasceu,
queríamos comprar todos os brinquedos que mostravam na televisão e todas as roupas da moda.
Meu filho odiava aquelas golinhas que apertavam seu pescoço e em dois minutos perdia o interesse naqueles malditos brinquedos caríssimos.
Me lembro o dia em que meu filho estava sentado praticamente pelado na cozinha. Ele pegou todos os potes, panelas, uma colher de pau e ficou mais de uma hora batendo naquelas coisas. Nenhum bebê perde o interesse em transformar panelas em tambores... nenhum!

Tudo que eu planejei deu errado.
Porém, sabe o que eu aprendi?
A vida nunca é uma estrada reta.
É cheia de curvas, buracos e novos caminhos.

Eu mudei a minha rota
e comecei a mandar para o inferno o planejamento e a
perfeição.
Este bebê pelado e cheio de catarro é incrível "como está".
Chega de roupas combinando e apertando o pescoço. Se
esse garoto se sentir confortável em uma fantasia de
Homem-Aranha, tanto faz.
O segundo filho, três anos depois,
nasceu com sete meses e sem respirar.
Meu marido apertou minha mão e começou a rezar.
Eu pensei: *Isso precisa funcionar.*
Então, algo inesperado aconteceu.
Meu filho abriu os olhos e, renascido, começou a chorar.
E seu choro tomou conta de mim.
Uma enfermeira o deitou em meu peito.
Foi tudo muito rápido, parecia milagre.
Eu cantei pra ele e vi uma lágrima escorrendo no rosto do
meu marido.
O terceiro, dois anos depois, por um motivo especial
ou por alguma falha no método anticoncepcional,
nasceu em março, um pisciano, afinal.
Não sei se quer filhos, ou quantos irá querer.
Só posso dizer que, quando estiver grávida,
você vai comer até cansar,
as náuseas da manhã vão durar meses
e inquestionavelmente sua vida vai mudar.
Depois do primeiro filho, eu nunca mais dormi bem à
noite.
Eu li em uma revista que um estudo relatou
que 64% das mulheres com filhos pequenos não dormem
bem à noite.
As outras 36% não dormem bem em hora nenhuma.
Os pesquisadores não trouxeram a explicação.
Eles poderiam ter me perguntado. A resposta é simples.
Depois que seu filho nasce, você se sente conectado ao
outro e está preocupado o tempo todo
É um amor muito louco.

✴

Primeiro você os ensina a andar e falar.
E, quando acha que entende os arrotos e os peidos engraçados de seus filhos, eles mudam e tudo volta à estaca zero.
Crianças crescem e se afastam.
Então, você se sente a mãe mestre em "fazer merda".
Essa é a parte dura de ser mãe.
Você sente que sempre estraga tudo.
Você não sabe se é boa.
E você só vai descobrir isso depois que eles ficarem grandes.
Até lá, você vai se perguntar: *Meu filho será bom?*
Como uma mãe jovem, passei muito tempo corrigindo e criticando meus filhos enquanto compartilhava lições de vida muito importantes em momentos em que eles eram apenas crianças. Agora que estou mais velha e tenho uma neta, percebo que rir pra caramba de suas travessuras confusas, ridículas e bobas, na verdade, a ensina muito mais do que minha suposta sabedoria e seriedade jamais ensinaram.
A lição que eu tento ensinar à minha neta agora é: a vida é para ser aproveitada e confusões e erros acontecem.
"Você encheu a banheira com sabão de novo? Que cientista!" "O quê? Você raspou a sobrancelha? Que artista!" As travessuras são engraçadas. Aprendi a rir delas agora que tenho mais de sessenta anos, senão teria um derrame.
Eu sei que a maternidade deixa a gente louca.
Mas, por favor, não deixe essa loucura transformar você em uma mãe-helicóptero, aquela que fica sempre em volta. Orbitando, e não vivendo.
Se você leu até aqui
achando difícil ou complicado ter filhos pequenos,
espere chegar a parte do casamento.
Eu tenho certeza de que você tem um milhão de perguntas.
O que eu posso dizer no momento
é que não existe uma solução única para todos os pais.
E não há respostas rápidas para o ato de malabarismo a que somos lançados quando encaramos o neném e pensamos: *Meu Deus, e agora?*
Eu só quero que você entenda algo sobre ser mãe.

Você sempre estará cansada e descabelada.
Mas, quando olhar no espelho, não é isso que você verá.
Você vai ver que é uma experiência extraordinária.

E lembre-se de viver um dia de cada vez, que seus filhos nunca irão parar de precisar de você e que a coisa mais importante é o coração deles. Faça de tudo para que eles tenham um coração generoso. Que se preocupem com os outros. Um mundo mais gentil beneficia a todos.

Já passei por essa loucura (2)

PARA OUVIR ENQUANTO LÊ:
The Wire – Patrick Droney

Meu nome é Ique Carvalho.
Não tenho filhos nem sou casado.
Fiquem tranquilos.
Nunca serei a pessoa que te pergunta: "Por que você não está namorando?".
Eu nunca vou falar que você fica muito em casa e que precisa sair mais.
Nunca direi que você deveria ter alguém e prometo que nunca, jamais, direi que você precisa de alguém pra ser feliz.
Não sei exatamente o que você está procurando por aqui.
Mas, se você quiser fazer a loucura de largar seu emprego e terminar um relacionamento, talvez eu possa ajudar.
Já passei por isso há algum tempo.
Eu tinha um emprego como outro qualquer, levantava da cama às cinco e chegava no escritório às sete.
Trabalhava o tempo todo em algo que eu nunca quis e voltava para casa morto e infeliz.
Pegava dois ônibus lotados para chegar ao trabalho.
Nunca consegui ir sentado.

Até que um dia, por um desses milagres da vida, eu consegui uma cadeira vazia.
Eu me sentei e na cadeira da frente estava escrito: "Nós não poderemos encontrar a felicidade até aceitarmos quem somos".
Aquilo mexeu comigo.
Na hora eu pensei: *Vou pedir demissão.*
Com um conselho sábio como aquele, o que poderia dar errado?
Cheguei ao trabalho e o filho playboy do meu chefe disse: "Você está atrasado".
E eu resmunguei: "Otário".
Sempre fui um cara que diz o que tem que ser dito na lata.
Isso sempre me ferra.
Naquela manhã, eu perdi o emprego e voltei pra casa.
À noite, fui até a casa da minha namorada.
Contei toda a história e ela disse: "Me diga que você não está falando sério".
"É sério. Estou cansado de fazer o que não quero fazer."
"E o que você quer fazer?", ela perguntou.
"Quero escrever coisas."
"Coisas de que tipo?"
"Tipo livros."
"Achei que tivesse desistido", ela disse.
"Por quê?", perguntei.
"Ah, sei lá, talvez você devesse."
Minha namorada também dizia tudo na lata.
"Você já se sentiu como se não pudesse ver o seu futuro?", ela perguntou.
E, claro, eu não respondi.
 Por quê?
Porque eu não tenho a mínima ideia do que vai acontecer.
Eu sou um escritor, não um vidente.
A vida inteira é sobre não saber e, em seguida, fazer algo de qualquer maneira.
Então, minha namorada fez algo que eu não esperava e disse:

✳

"Estamos namorando há três anos e eu estou chegando ao fim dos meus trinta.
Não consigo me imaginar subindo no altar, me casando e tendo filhos com um cara
que larga o emprego porque leu uma frase dentro do ônibus.
Eu não quero namorar com uma pessoa com quem não vejo um futuro sério".
Naquela noite, eu perdi a namorada.
Já terminaram comigo umas... dezoito vezes.
Nas primeiras vezes, eu não sabia muito bem o que fazer.
Hoje em dia, quando eu perco alguém, já tenho uma estratégia toda planejada.
Primeiro eu pego meu telefone, me deito na cama, abro o Spotify, coloco uma música depressiva e fico olhando para o teto.
Depois, começo a assistir a comédias românticas, em que o cara perfeito e charmoso
comete um pequeno erro, que na verdade era um grande mal-entendido e no final a mulher que ele ama sempre volta.
Você também faz isso?
Três meses depois que terminamos, eu estava na fase de só usar moletom e de reassistir a todos os episódios de *Friends*.
Minha ex estava na fase desapegada, postando fotos com outro cara.
Meus amigos me disseram que ela estava apaixonada.
Isso sempre acontece.
Pareço um tipo de remédio que as pessoas tomam para curar suas feridas.
Depois de um tempo, o tratamento chega ao fim e elas estão prontas para serem felizes com outras pessoas.
Sempre assim. É a minha missão.
Bom, vou para a última fase.
Sair da cama e deitar no chão.

A lasanha da madrugada

PARA OUVIR ENQUANTO LÊ:
Falling – Oh Gravity

"Mãe, faz cinco anos que meu pai morreu. Você nunca pensou em namorar de novo?"
"Meu filho, sabe qual é o problema? O problema é a lasanha da madrugada."
"Ahn?"
"Na época em que eu estava com seu pai, eu o esperava dormir para ir até a cozinha e comer uma lasanha inteira sem ficar com a consciência pesada. Eu nunca mais quero comer lasanha de madrugada."
"Faz sentido, agora que explicou."
"Faz, sim. Lasanha é uma boa razão para desistir de homens."
"Mãe, você é feliz?"
"Sim. Eu tive uma vida maravilhosa com seu pai e tenho todas essas memórias
de uma mulher que foi amada. Isso é tudo que somos. Lembranças."
"Eu amo o quanto você amou meu pai e mal posso esperar para alguém me amar como você o amou. Mas é importante que você não se afaste das pessoas. Você merece ser feliz."
"Meu filho, nós nunca conversamos sobre isso. Então, você não se importaria se eu conhecesse uma pessoa?"

✳

"Mãe, todos nós sentimos falta do meu pai, mas se você tivesse morrido, estaríamos dizendo a ele para seguir em frente e ser feliz novamente.
Vá se divertir!"
"Eu recebi um convite para sair."
"Quem é ele?"
"Um amigo antigo da faculdade que me encontrou na internet. Não me lembro da última vez em que me senti tão nervosa. Teria que retocar as raízes antes de ir."
"Seria só um encontro, mãe."
"Mas seria meu primeiro encontro depois de quarenta e seis anos."
"Me fale sobre ele."
"Ele é de Touro, o que é perfeito, porque eu sou de Capricórnio. Ele tem dois gatos."
"Um homem que tem gatos? Não sei, não."
"Você acha que eu devo mesmo fazer isso?"
"Sim, mãe. Vá se divertir!"
"Não sei. Minhas amigas acham que hoje em dia todos os homens estão babacas, ignorantes, tarados e sem valor neste mundo."
"Mãe, nem todos os homens são horríveis. Sério. Seria injusto e até sem noção dizer que metade da população é rude, pervertida e sem coração. Homens e mulheres podem ser legais ou babacas. O difícil é quando você está saindo com alguém legal e depois descobre que, na verdade, a pessoa é babaca. E o mais difícil ainda é quando você deixa de sair com aquela pessoa que parecia babaca e depois você descobre que ela só estava com medo de se magoar."
"Mas, afinal, como descobrir quem é legal?"
"Isso vai soar um pouco louco, mas a real é que não existe ninguém 100% legal. Talvez este seja o grande erro de uma pessoa: acreditar que existe alguém que, em nenhum momento, vai falhar ou fazer você chorar. Todo relacionamento, seja ele de amizade, entre pais e filhos, ou de namorados, é construído por momentos de felicidade e dificuldades. Um amor que não sofre tempestades vive no

sonho e morre na realidade. Claro, essa é apenas a minha visão de um relacionamento saudável e de verdade. Agora, vamos a outro caso. Se a pessoa que estiver ao seu lado sempre foi legal, mas, em algum momento, por qualquer motivo, faltou com o respeito, diminuiu você ou a tratou mal... saia fora! É o sinal que você está com algum babaca disfarçado de legal."

"É verdade, filho. Não é só sobre encontrar alguém que você ame. É sobre encontrar alguém com quem você se sinta seguro em ser amado. Depois de tantos anos, parece que a gente se esquece."

O encontro

PARA OUVIR ENQUANTO LÊ:
Best Kept Secret – Neko Case,
k.d. lang, Laura Veirs

Fui até a casa da minha mãe. Ela estava no quarto com a Vânia, vizinha de muitos anos.
"Está mesmo se produzindo para este encontro, mãe?", eu perguntei.
"Meu filho, o homem não me vê desde que eu tinha vinte anos. Não quero assustá-lo."
"Sério? Não está meio nervosa?"
"Sim, claro que estou nervosa."
"Vai dar tudo certo."
"Por que está dizendo isso, filho?"
"Não sei. É algo que se diz para pessoas nervosas."
"Certo. Vânia, acha que tenho que raspar a perna?"
"Mãe!"
"Ok. Vânia, o que as viúvas de sessenta anos vestem para um primeiro encontro? Qualquer coisa? Ou existem proibições?"
Fiquei assistindo àquela conversa.
"Não pode ser tudo coberto, Lu. Tem que ter um decote", Vânia respondeu.
"Desisto. Não tenho nada que preste. Sou uma viúva do lar. Só tenho roupa de ir ao cemitério e de ficar em casa."

"Não precisa ser um vestido. Pode ser qualquer coisa que esteja na moda. Deixa-me dar uma olhada no seu guarda-roupa. Sai daí… Meu Deus!", exclamou.
"O quê?"
"Parece o armário do meu filho!"
"Qual deles? O roqueiro ou o médico?"
"O roqueiro."
"Por quê?"
"Só vejo preto!"
"Qual é o problema?"
"É meio deprimente."
"O que mais uma viúva em luto poderia usar?"
"Poderia usar cor. Você já ouviu falar em cromoterapia?"
"Não..."
"É a maneira como as cores influenciam nossa vida. Meu filho vive sofrendo porque não arruma uma namorada e você, pela morte do seu marido. Pessoas que estão sempre de preto sentem falta de algo na vida."
"Faz sentido."
Vânia abriu uma gaveta.
"Lu, por que você usa essas calcinhas?"
"Eu acabei de comprar. Qual é o problema?"
"Isso é calcinha para usar dentro do caixão."
"Está falando sério?"
"Sim!"
"Tão feia assim?"
"Querida, essa calcinha é 'a morte' da sua vagina."
"Ok. Esse é meu limite, antes que nunca mais consiga tirar essa conversa da minha cabeça" – eu disse.
"Lu, venha aqui", Vânia disse.
"Acho que achei um."
"Sério? Usei esse vestido para a festa à fantasia da minha neta."
"Você foi de quê? Mulher-Gato?"
"Mortícia Addams."
"Experimente!"
"Eita porra!"

✳

"TEMOS UM VENCEDOR! Ficou ótimo!"
"Estou na dúvida…"
"Do quê? Do vestido ou da calcinha?"
"Não sei se é certo sair com esse cara. Estou um pouco ansiosa. Ser viúva e ter um encontro é um crime? Me sinto culpada. Talvez eu deva cancelar…"
"Não. Olhe para mim. Não gastamos três horas fazendo você ficar linda para você fugir."
"Ok. Você venceu."

Bons pais, bons filhos

PARA OUVIR ENQUANTO LÊ:
You & I – Picture This

"Oi, filho. Seu tio que mora nos Estados Unidos acabou de me ligar."
"Sério? Ele nunca liga!"
"É."
"O medo da morte faz com que todo mundo se aproxime."
"Ique, que voz é essa?"
"Nada, mãe."
"Você está chorando?"
"É que eu acabei de ver *Marley e Eu*... É claro que estou chorando."
"Que estranho."
"Por que é estranho?"
"Porque você já caiu de cabeça do berço e quase não chorou."
"E você me conta com essa tranquilidade que eu já quase morri?"
"Não me pergunte por que, mas esse tipo de coisa é muito mais comum do que pensa."
"Agora me sinto muito melhor."
"Você vai ter filhos, então, regra número um: sem julgamentos. As coisas acontecem na vida."
"Sério, mãe?"
"Sim. O ruim é que você nunca sabe o que vai acontecer. Às

vezes, nossos filhos têm alguns problemas médicos e de outros tipos."

"Que tipos?"

"Ah, você comia areia na praia. Sua tia já encontrou seu primo comendo o... digamos 'remédio' dela. Uma amiga já quase buscou o bebê errado na creche."

"Minha nossa! Quem?"

"Alguém. Você não a conhece."

"Ela tem nome?"

"Não."

"Mãe..."

"Ok, fui eu. Mas, em minha defesa, eu percebi antes de a verdadeira mãe gritar."

"Meu pai sabia disso?"

"Não é o tipo de coisa que se conta para seu marido. Entende?"

"Já deu, mãe. Chega de surpresas."

"Eu sou... – pausa dramática – uma péssima mãe."

"Não é."

"Sou sim. Seu irmão odiava tomar banho. Ele gritava, batia os pés e chorava. Lágrimas acompanhadas de meleca. Então eu pegava uma cerveja e dizia: 'Que se dane'. E o deixava sujo. Foi por isso que comecei a beber. Seu irmão não me dava atenção e minha cerveja nunca partiu meu coração. Eu fiz umas coisas erradas, mas sempre tentando acertar. Não é isso o que os pais fazem?"

"Sim, mãe. E você fez algo diferente da maioria dos pais que conheci."

"O que eu fiz?"

"Quando eu era pequeno, eu via os pais dos meus amigos forçando-os a falar francês e a serem médicos. E, quando os pais dos meus amigos me perguntavam o que eu queria ser, eu respondia: 'Um Power Ranger!'. Eu respondia isso porque você sempre me dizia: 'Meu filho, você pode ser o que você quiser'. E eu fui, e ainda sou, aquela criança cheia de sonhos. Então, de alguma forma, você conseguiu.

Você é uma mãe foda pra caralho."

"Meu filho, foi uma coisa bonita de escutar, mas seria um elogio melhor... se não usasse na mesma frase 'mãe, foda e caralho'."
"Foi mal. Que tal um abraço?"
"Claro, porra!"

Decisão

PARA OUVIR ENQUANTO LÊ:
Favorite Place – Humbear

"Mãe, o que você está fazendo?"
"Estou com minhas amigas no 'Feizitaini.'"
"Facetime, mãe."
"Isso."
"Eu gostaria de conversar com você."
"Não pode ser mais tarde?"
"Eu vou me casar."
"O que é que você disse?"
"Eu vou me casar."
"MULHERES, VOCÊS ESCUTARAM? MEU FILHO VAI SE CASAR!
AHHHHHHHHHHHHHHH! (gritaria no fundo)
Venha aqui meu filho! As meninas estão loucas para ver você."
"Oi."
"PARABÉNS!!!!!!" (gritaria no fundo)
"Podemos conversar agora?"
"Claro! Até mais, garotas!
"Garotas, mãe? Se somasse as idades dava uns três mil anos ali."
"Então, finalmente, você e a Nat resolveram se casar? Me conte."
"Nós terminamos, mãe."

"O que é que você disse?"
"Eu e Nat terminamos."
"Hoje???!?"
"Não. Há um mês."
"Por que não me disse nada?"
"Você já tem problemas demais."
"Eu sou sua mãe! Você não tem que se preocupar comigo nunca, ok?"
"Ok."
"Depois eu quero saber dessa história do término. Se não é a Nat, que loucura de casamento é essa?"
"Na verdade, nenhuma, mas estou pensando em pedir à Duda para voltar."
"A Duda da adolescência?"
"Sim."
"O primeiro amor..."
"É."
"Sabe que eu nunca entendi por que terminaram? Você fez besteira?"
"Não... Eu era jovem e meio burro. Foi horrível, parecia que eu tinha estragado a vida dela."
"Meu filho, às vezes, quando você é jovem, você não entende o amor tão bem quanto deveria."
"Eu queria ter aprendido isso antes."
"Há quanto tempo terminaram?"
"Vinte anos."
"É um longo tempo."
"Mãe, eu não posso terminar com ela e, anos depois, querer voltar pra vida dela, né?"
"Meu filho, se você ainda encontra em seu coração motivos para procurá-la, então vá. Não dá pra levar isso para o resto da vida. Você precisa falar com ela ou irá se arrepender. Pode acreditar. A dúvida vai estragar qualquer relacionamento que você poderá ter. Se ela seguiu em frente, você poderá fazer o mesmo e conhecer outras pessoas."
"Você é foda! Ops! Incrível, mãe. Eu vou falar com a Duda."
"Qual é o seu plano?"

✳

"Pensei em ligar para ela e dizer: 'Lembra de mim?'"
"É sério isso?"
"Bem, quando você fala assim, não parece um grande plano."
"Não, é corajoso."
"Esse é o plano..."
"Você deveria, se é isso mesmo que quer fazer, aparecer de surpresa. Você sabe onde ela mora?"
"Sim."
"Como conseguiu o endereço?"
"Eu *stalkeei* ela no Insta."
"E o que isso significa?"
"Meu Deus, como você é velha."
"E ansiosa. Podemos ir direto ao assunto?"
"Claro."
"Ela vende doces caseiros pela internet. Pedi para uma amiga fazer uma compra e pegar o endereço da casa dela."
"Isso foi inteligente. Um pouco preocupante, mas inteligente."
"Obrigado, mãe."
"E o que você está esperando para ir lá?"
"Estou sem carro. Você pode me dar uma carona?"
"Posso."
"Espera."
"O quê?"
"Não é meio infantil minha mãe me levar para encontrar uma mulher?"
"Ique, eu ainda lavo suas roupas."
"Ok. Você venceu."

Reencontro com o passado

PARA OUVIR ENQUANTO LÊ:
Forces – Jill Andrews

"É aqui, mãe. Essa aí é a casa da Duda."
"Tem certeza?"
"Sim", respondi saindo do carro.
"Espero que ela esteja em casa."
"Espero que ela não esteja."
"Toque o interfone."
"Não posso!"
"Toque. Vamos lá."
"Certo... Está tocando..."
"E você ainda não correu. É um bom sinal, meu filho."
"Quem é?", ela atendeu.
"iFood."
"Você apertou o número errado", ela respondeu e desligou.
"O que foi isso?", minha mãe perguntou.
"Não consegui responder! Era ela!"
"Eu sei. Eu ouvi."
"Não consigo falar."
"Qual o número do apartamento dela?"
"É... número 101..."
"Não era 201?"
"Isso, 201, foi o que eu disse."
"O que você está fazendo, mãe?"

"Interfonando de novo."
"Quem é?", ela perguntou.
"Sou eu, Ique", respondi.
"Quê Ique?"
"..." – silêncio constrangedor
"Ique, meu primeiro namorado?"
"Esse."
"Tá brincando!"
"Desculpe por aparecer de repente."
"Vinte anos depois, sem dizer nada, nem carta, nem telefonema. Achei que você tinha morrido! O que você está fazendo aqui?"
"Eu só queria ver você de novo."
"Ique..."
"O quê?"
"E sua mãe?"
"Minha mãe?"
"O que ela está fazendo aí?"
"Pera... Como você sabe que minha mãe está aqui?"
"Estou vendo vocês. Eu fui olhar pela janela antes de chamar a polícia para o iFood que eu não pedi."
"Ah... Ela me deu uma carona"
"Ah meu Deus... Você se transformou em um desses caras que levam a roupa para a mãe lavar?"
"Você não costuma sair com homens infantis?", perguntei.
"Quase exclusivamente. Eu vou descer para dar um abraço na sua mãe e um soco em você, seu idiota."
"Estamos esperando."
Tão linda como quando tinha dezesseis, ela surge. Abro os braços no intuito de a abraçar, mas, ao chegar perto de mim, recebo um soco e ouço um: IDIOTA!
Em seguida, Duda abraça minha mãe.
"Vou embora, Duda! Vocês precisam conversar", minha mãe fala.
"Me perdoa por querer matar seu filho?", Duda pergunta.
"Claro, querida. Também já pensei em fazer isso várias vezes."
"Duda, nesses últimos anos, eu queria muito ligar pra você ou escrever, mas..."

"Mas você nunca ligou e nunca me escreveu..."
"Me desculpe. Três meses depois que terminamos, eu comecei a namorar."
"Eu sei e fiquei surpresa com a rapidez com que foi capaz de seguir em frente."
"Seis meses depois, eu a pedi em casamento."
"Rápido, hein?"
"Eu tinha medo de perder outra pessoa."
"Há quanto tempo estão casados?"
"Nenhum. Ela não aceitou."
"Claro! Você tinha dezesseis anos! E hoje, você está bem? Meu Deus, que estupidez. O que estou fazendo? Eu deveria te xingar e não ficar me preocupando com você. Só perguntei porque passei muito tempo pensando se você estava bem e também querendo te matar."
"Eu estou bem."
"Você está solteiro?"
"Sim."
"E hoje você acordou e resolveu ir atrás de antigas paixões?"
"Não. Hoje eu acordei e vi que o tempo parece uma eternidade quando se tenta ficar longe de quem se ama."
"Isso funciona com outras garotas?"
"Não sei. Nunca usei antes."
"Ique, no dia em que terminamos, tudo que fiz foi deitar na cama e chorar. Depois de um mês, eu comecei a ir em festas e beijar vários caras. Queria me divertir, mas era cada vez pior. Eu me sentia vazia e só, sabe? Então, três meses depois, eu consegui parar de pensar em você. O tempo passou e tem sete anos que encontrei um cara maravilhoso, protetor e que me apoia."
"É sério?"
"Sim. Não somos mais crianças. Vai ficar de cara feia?"
"Não estou de cara feia."
"E como você sabe que ele é um cara legal?"
"Pelo jeito que ele me trata."
"O que ele faz?"
"Ele trabalha com crianças especiais."

✳

"Ahh, certo."
"Ele é um cara muito legal."
"Enquanto vinha pra cá, eu estava lembrando... da nossa primeira vez."
"Estou curiosa."
"Por quê?"
"Quero saber como você vai contar uma história que durou vinte segundos."
"Para. Eu estava empolgado. Eu era um adolescente, está bem? Mas, se quer saber, aquele dia que eu entrei no seu quarto e vi você deitada na cama, linda e só de calcinha, aquela visão foi o auge para um garoto apaixonado."
"Não sei como você consegue..."
"O quê?"
"Contar uma linda história de vinte segundos. Isso foi há vinte anos e é romântico que se lembre. Sabe do que é que me fez lembrar?"
"Do quê?"
"Do nosso último encontro, quando você me olhou e disse: 'Eu quero terminar e conhecer outras meninas para saber se você é o amor da minha vida'. Sabe, Ique, revivi aquele dia tantas vezes na minha cabeça... Você me fez sentir como se tivesse algo errado comigo."
"Não há nada errado com você."
"Eu sei. E é uma pena que você tenha demorado vinte anos para descobrir isso. Se pudéssemos recomeçar tudo desde o início... Mas não podemos. Hoje eu tenho um marido e dois filhos. E eu os amo mais do que tudo. Essa é minha vida, que levei anos para construir. Me desculpe, mas lidar com o passado é algo que já fiz há muitos anos, espero que você consiga também. Eu preciso ir."
Ela entrou no prédio e fechou a porta.
E eu fui embora.
À noite, voltei até a casa dela e deixei com o porteiro uma carta, em que escrevi:

Duda, meu primeiro amor.
Estou escrevendo esta carta que deveria ter sido enviada vinte anos atrás.
Às vezes, você comete um erro que muda a sua vida. Um erro que faz você pensar: "Não acredito que fui essa pessoa um dia". O lado bom é que ninguém é a mesma pessoa a vida inteira.
O tempo passa, o mundo gira, a gente cresce e as coisas mudam.
Eu era apenas um garoto com pouca barba, e ainda menos responsabilidade.
Hoje eu sei. Eu acho que nós tentamos, mas não podemos evitar que em algum momento alguém vai desapontar aquele que ama, aquela que você nunca deveria machucar. E isso dói.
Ver alguém que eu machuquei, alguém que eu amei. Espero que um dia você encontre um pequeno pedaço nesse imenso coração para perdoar aquele garoto, assim como eu o perdoei.
E eu sei, não vai ser fácil, simples, ou sem complicação.
Mas... eu acho que o perdão é uma dessas oportunidades que a gente tem de mudar o mundo e as pessoas também.

Com todo meu amor infantil e idiota,
Ique

Amor-próprio

PARA OUVIR ENQUANTO LÊ:
Never Change – Picture This

"Você está bem?", minha mãe perguntou.
"Não", respondi e comecei a chorar.
"Meu filho, o que aconteceu?"
"Eu perdi a Duda pra sempre."
"Oh! Sinto muito. Então, a história de vocês acabou?"
"Sim. Ela seguiu em frente e se casou", respondi. "E eu entrei no Tinder."
"O que é isso?"
"É um aplicativo de celular para conhecer pessoas na internet."
"Isso não é perigoso?"
"Muito! Foi um pesadelo. Me fez querer suicidar."
"Meu filho. Você não pode apressar o amor. E nem se envolver com alguém pensando ainda na ex."
"O que eu faço?", perguntei.
"O primeiro passo para superar alguém é se afastar. É impossível iniciar a cura sem criar a distância."
"E depois?"

"Paciência. Com o tempo, você vai encontrar uma pessoa que preencha a sua vida outra vez. Não hoje, mas em breve, lentamente. E não faz mal ficar sozinho às vezes."

"Eu não quero mais gostar de ninguém."
"Claro que quer. Existe outra pessoa para você por aí."
"É, talvez no espaço. Não neste planeta."
"Por que está falando assim?"
"Mãe, algumas pessoas chamam atenção, outras não. Igual quando você entra em um bar e os caras param para te olhar. Eu fiquei três dias no Tinder e o único *match* que eu consegui naquele lugar foi de uma amiga que só queria me zoar."
"O que é *match*?"
"É a forma de a garota dizer que gostou de você."
"E você só teve um *match*?"
"Sim."
"Por que entrou nesse aplicativo?"
"Por que não consigo ser notado pelas garotas na vida real."
"Por quê?"
"Mãe, não me crie dúvidas. Já tenho muitas."
"Responda."
"Aparentemente, as meninas me acham feio. O tipo de feio que faz de você invisível."
"É assim que você se vê?"
"É assim que eu estou me sentindo."
"Me diga coisas que você gosta sobre si mesmo. Qualquer coisa."
"Não consigo pensar em nada, só sei que eu tentei tanto ser alguém de que todos gostassem... Mas não importa o quanto eu tente, nunca dá certo. E dói se esforçar tanto e não conseguir. Então, desisti de achar que alguém é capaz de gostar de mim só pelas coisas que eu penso ou pelo o que eu sinto. Eu queria encontrar alguém que fosse sapiossexual."
"O quê???"
"Pessoas que se sentem atraídas pela inteligência."

"Que interessante."
"Mãe... será que eu sou feio e burro?"
"Meu filho, como esperar que alguém o ame se você claramente não se ama também?"
"É mais fácil gostar de si mesmo quando mais alguém gosta, não é?"
"Que ideia estúpida é essa? Se a morte do seu pai nos ensinou algo é que a nossa felicidade depender de outra pessoa é assustador! Pessoas morrem, desaparecem de uma hora pra outra. Não é justo, mas é bom saber.

Escute com atenção agora. É sua responsabilidade se amar, de mais ninguém. Você tem que encontrar esse caminho sozinho, e isso só vai acontecer quando parar de esperar amor de pessoas superficiais que nunca serão capazes de perceber como você é incrível."

O futuro que eu quero pra mim

PARA OUVIR ENQUANTO LÊ:
Damn You for Breaking My Heart – Caitlyn Smith

Este é um texto para os homens. Mas, mulheres, leiam com atenção.

É realmente difícil pra mim.
Você me puxa pelos cabelos para que eu não fuja.
Diz que me ama, mas me trata como qualquer uma.
Diz que não se importa e depois que sente falta.
Diz que tanto faz e depois corre atrás.
Eu me sento ao seu lado e tento deixar claro
que ter metade de você simplesmente não é o suficiente.
Você vira o rosto e continua em cima do muro o tempo todo.
É realmente difícil pra mim.
Sim, estou bem aqui.
Sentada em meu quarto, pensando em tudo que vivi.
Eu era ingênua demais e acreditava naquelas palavras
que você sussurrava enquanto me enrolava.
Desde o começo, eu me esforçava pra caramba
para agradar você, seus amigos e o mundo inteiro.

✳

E o que você fazia?
Me enrolava mais um dia.
E íamos levando nosso lance com a barriga
entrando na velha rotina sem graça e fria.
E eu fui me tornando uma pessoa sem autoestima e que
reclama da vida.
Você me fez jogar um jogo que não é justo.
Enquanto um não aposta nada o outro perde tudo.
Eu coloquei tudo que eu tinha
em algo que não merecia
É realmente difícil pra mim. Sim, eu ainda estou aqui.
Pra dizer que você não é nada além de uma história que
chegou ao fim.
Eu vou voltar a ser feliz.
Não vou mais esperar e nem deixar você decidir o futuro
que eu quero pra mim.

Como ser ridículo

PARA OUVIR ENQUANTO LÊ:
You are Amazing – Marnix Emanuel

"Meu filho, quem é essa, que você fica o dia todo no celular, olhando as fotos dela?"
"Mari. Uma amiga."
"'Amiga', sei. Não entendo essa nova geração."
"Por quê?"
"Vocês não querem rotular, nem definir nenhum tipo de relação, por medo de estragar tudo."
"Faz sentido."
"O que sabe sobre ela?"
"Joga totó bem e dirige muito mal."
"Mas como ela é?"
"Como assim?"
"O que ela faz? Do que ela gosta?"
"Ela é líder de célula e gosta de salvar cachorros na rua."
"Líder de célula?"
"Ah, é uma parada de igreja."
"Desde quando você vai à igreja?"
"Desde nunca."
"Não acredito no que está acontecendo."
"O quê?"
"Está tão apaixonado por ela que parece um adolescente."
"Não exagera. Eu só gosto dela."

"Tá vendo? Mande uma mensagem a convidando para sair."
"Não posso."
"Sim, você pode. É só apertar a merda de um botão!"
"Ok. O que eu falo?"
"Você não precisa dizer algo brilhante, engraçado ou impressionante.
Você só tem que dizer alguma coisa."
"E se ela me der um fora?"
"Isso não é da minha conta. Beba algo e escreva."
"Mãe, eu não bebo."
"Só um gole. Toma essa cerveja."
"Assim até anima… Vou escrever."
"O que você está fazendo?"
"Ué, estou escrevendo a mensagem."
"Não se pode convidar alguém para sair antes de beber cinco cervejas."
"Ah, ok."
"Já tomei cinco goles. Vou convidar para jantar."

Quer sair pra jantar?

"Jantar não. Mande outra coisa."
"Cinema?"

Ou ir ao cinema?

"Cinema não dá para conversar."
"Eita."

Ou tomar um café?
(falei alto enquanto digitava)

"E desde quando você toma café?"
"Ah, acho que já propus tudo que se pode fazer em um primeiro encontro. Ela está online e não responde. Deve me achar um louco."
"Por causa das mensagens ou por que você checou o celular umas oitenta vezes?"
"Um pouco dos dois...."
"Convida para dançar!"

Ou então podemos ir dançar...

"Não, meu filho! Eu estava pensando em voz alta. Estamos em 2020, e não em 1968. Ninguém convida para dançar!"

✴

"Mãe! Agora já foi! Vou apagar as mensagens antes que ela veja."
"Isso não é crime ou algo parecido?"
"Você é que é a especialista em código penal... Ahh... Meu Deus!"
"O quê?"
"Ela está digitando. Acho que vou vomitar."
"Não entre em pânico."
"Ninguém está em pânico."
"O que você está fazendo?"
"Desligando a tela."
"Por que está fazendo isso?"
"Meu estômago está doendo. É tensão demais para mim."
"Meu filho, eu nunca tinha visto você paquerar."
"Como estou me saindo?"
"Tá ridículo."
"Ela respondeu!!!!"
"O quê?"
"Kkkkkkkkkkkkkkkkkk"
"E isso é bom?"
"Não sei... MEU DEUS!"
"O QUÊ??"
"Ela aceitou! Não acredito!"
"Nem eu! Está feliz?"
"Sim!!"
"Que bom, meu filho. Escute, a morte do seu pai tem sido dura para nós dois. Eu sei que você se sente só. São feridas recentes, sabe, mas quando as coisas ficarem pesadas, não deixe de me procurar, porque eu acho que todos nós precisamos de alguém para desabafar, de alguém para nos ajudar a entender que não estamos sozinhos."
"Eu te amo, mãe."
"Eu também, meu filho."

…

Fuja da encrenca

PARA OUVIR ENQUANTO LÊ:
we'll be fine – Luz

Este é um texto para as mulheres. Mas, homens, leiam com atenção.

Fuja do homem que não segura sua mão em público.
Que não te olha nos olhos enquanto fala.
Que diz respeitar seus princípios, mas, quando a encontra, só quer passar a mão e te levar pra cama.
Fuja do homem que não te respeita,
que diminui você na frente dos amigos e da família,
que não te defende, que é o primeiro a apontar um defeito
e que te critica o tempo inteiro.
Fuja do homem que te trata como inferior,
que te proíbe de usar um vestido, que não aceita seu estilo,
que vive dizendo que a ex dele é incrível,
que diz que existe mulher pra pegar e pra casar e que quer te rotular.
Fuja do homem indeciso, que só te oferece carinho
quando estão sozinhos, que te enche de expectativa
e desaparece logo em seguida.
Fuja do homem que te compara, que não diz a verdade,
que tira sua liberdade.
Fuja do homem que só quer curtição, que sempre tem razão.

✴

Sabe, preste bem a atenção. Não vale a pena sofrer em vão.
Fuja do homem impaciente, que é ausente, que nunca diz o que sente.
Fuja do homem que não sabe o que fazer, que desiste de você e põe tudo a perder.
Fuja do homem que não consegue perceber que você tem seu próprio jeito de ser.
Eu queria que você pudesse ver.
Quantas vezes mais eu vou ter que dizer?
Fuja do homem que não quer se envolver,
que não tem nada para oferecer,
que tenta te convencer a mudar o seu jeito e não ser mais você.

Quem ama liberta (1)

PARA OUVIR ENQUANTO LÊ:
The Farmer – Sons Of The East

Este é um texto para os homens. Mas, mulheres, leiam com atenção.

Era um fim de semana e eu estava em Salvador dando uma palestra sobre amor.
Na época, eu namorava, e no meio do evento chega uma mensagem de um amigo dizendo:
"Enquanto você está trabalhando, sua namorada está aqui bebendo na balada com uma amiga que tem cara de safada. Você deixa sua namorada sair de saia sozinha de casa?".
Depois do evento, eu respondi ao meu amigo:
Meu velho, infelizmente, o que eu vou dizer era para ser óbvio, mas pelo visto não é.
Ela é minha namorada, não é minha terra, minha posse, minha casa na praia ou minha Airfryer.
Ela é minha namorada, não tem que me pedir permissão para sair com uma amiga pra balada ou pra qualquer outro lugar.
Ela é minha namorada, não tem que me pedir permissão para viver a vida dela.
É ela que escolhe se sai de saia, vestido, short ou com decote.
Eu não estou nem aí para o lugar ou o que ela vai usar.

✳

Tanto faz.
A confiança cria paz.
Ela não tem que me pedir permissão para beber, dançar e se divertir.
Ela é livre.

**Parece óbvio o que eu vou dizer, mas ninguém deve abrir mão
daquilo que está no seu coração.**

Eu espero que minha namorada continue vivendo com emoção.
Que ela tenha colocado uma roupa e escutado do seu espelho:
"Você é perfeita do seu jeito."
Eu desejo que ela se sinta bem. E é só com isso que eu me importo.
Ao menos é com isso que todos deveriam se importar.
Eu desejo que ela esteja dançando a sua música favorita
e cantando na pista com um sorriso bobo de menina.
Eu desejo que ela esteja assim, de verdade.
Porque eu acho que é isso que um namorado
deve desejar à sua namorada: a felicidade.

A garota do Instagram

PARA OUVIR ENQUANTO LÊ:
Please Keep Loving Me – James TW

"Meu filho, sinto falta daquele garoto otimista e alegre. Vamos. Anime-se.
 Me conte: o que vai fazer hoje?"
"Tenho um encontro."
"Com quem?"
"Lembra da Mari do Instagram?"
"Aquela garota bonita da calça na cintura?"
"Como lembra a roupa dela?"
"Nem todo mundo pode usar aquilo."
"Primeiro encontro?"
"Sim."
"Não se esqueça de sorrir e não misture vinho com vodca."
"Ok."
"E você vai vestido assim?"
"Está ruim?"
"Meu filho, nenhuma mulher fica horas no salão para sair de casa e ver isso."
"Não tenho muitos encontros. Não sei nada sobre roupas ou algo do tipo."
"A moda não é o seu forte. Vamos mudar isso e fazer com

que ela te ache lindo e não alguém que fugiu do presídio. Mas, primeiro, tem que tirar esse boné que está usando desde a quinta série."
"Ok. Obrigado."
"Eu ainda não acabei. Por favor, troque essa roupa. Parece que você mora com sua mãe. Um homem precisa ter estilo. Tire essa calça larga cheia de bolsos do lado e coloque um jeans. Esse é um princípio universal para quando você não sabe o que usar. Quer outras dicas?"
"Por que todos acham que preciso de dicas para lidar com mulheres?"
"A maioria dos homens não sabe o que fazer no primeiro encontro. São péssimos,
mas os piscianos que escrevem livros sobre relacionamento são os piores."
"Obrigado pelo papo, mãe, me sinto muito mais confiante."
"O que você vai dizer a ela?"
"Você sabe, a mesma velha história de sempre, que amo meu emprego e sou *wellness*."
"Você vai continuar inventando isso?"
"Sim. Além disso, é nosso primeiro encontro. Quem não mente no primeiro encontro?"
"Nada de bom começa com uma mentira. Quem vai amar alguém que não é real?
Eu vou fingir ser ela: 'Ei, gato!'"
"Mãe, de jeito nenhum!"
"Querido, o primeiro encontro é muito importante para nós mulheres. Muitos homens não entendem, mas nós reparamos em tudo. Eu percebi logo de cara que seu pai era legal."
"E como você percebeu isso?"
"Pude sentir quando estávamos de mãos dadas."
"Sério?"
"Meu Deus. Claro que não. Eu não sabia o que estava fazendo quando quis que um filho fosse pisciano. Em que mundo você vive?"
"Ah! Como descobriu então?"

"Nos detalhes. Eles são tão sutis. Seu pai me buscou na minha casa e me esperou do lado de fora do carro. Você não imagina a diferença que faz para uma mulher quando um homem a espera do lado de fora do carro. Ele não ficou encarando meus seios o tempo todo. No restaurante, ele segurou minha mão debaixo da mesa. Ele não me beijou ou tocou na minha perna. Ele só segurou minha mão. Começou a tocar uma música e ele me convidou para dançar. Estávamos dançando e ele me disse baixinho no meu ouvido: 'Você me inspira'. Ele foi o primeiro e único cara que me elogiou pelo que eu sou. E aquilo também me inspirou. O que eu mais gostava no seu pai era que ele não fazia ideia do quão incrível ele era. Eu me lembro que depois do nosso primeiro beijo ele me olhou e arruinou tudo."
"Por quê?"

"Porque ele me olhou como se não houvesse mais ninguém no mundo."

Sou uma ema

PARA OUVIR ENQUANTO LÊ:
You Got Me – Gavin DeGraw

Minha mãe entrou no meu quarto:
"Meu filho, pensei que estava se arrumando para seu encontro com a Mari do Instagram."
"Eu tive de sair para comprar isso."
"Flores, já?"
"São para você. Obrigado por não desistir de mim."
"Eu estou com raiva."
"Por quê?"
"Eu passei horas fazendo essa maquiagem e você me fez chorar! Venha cá, meu filho."
Ela me abraçou e disse baixinho no meu ouvido: "Atitude".
Meus pais tinham essa mania de falar de forma enigmática. Soltavam um enigma e "se vira".
Deixei minha mãe na casa dela e fui buscar a Mari.
Parei o carro e fiquei do lado de fora esperando a garota sair.
Ela chegou e disse: "Desculpe o atraso".
"Relaxa. Foram só dez minutos."
"Quarenta."
Eu abri a porta e ela entrou.
"Eu também quero pedir desculpas."
"Por quê?", ela perguntou.

"No dia que chamei você para sair eu mandei várias mensagens esquisitas.
Eu não bebo, mas naquele dia eu bebi. Então, talvez eu tenha escrito algo estranho tipo: 'Sou uma ema'."
A resposta dela foi uma gargalhada deliciosa.
"Sério, até hoje não entendo por que aceitou sair comigo."
"Minha psicóloga disse que era uma boa ideia fazer algo que eu nunca faria."
"Está comigo por pena. Legal!"
"Não!"
"Então o quê?"
"Foi uma decisão apressada, puro impulso, meio que de última hora. Sabe como é."
"Eu nunca faço isso. Eu sempre penso duzentas vezes antes de sair com alguém."
"E por que você me chamou para sair?"
"Olha, sei que vai parecer uma cantada ou coisa do tipo, mas todas as noites eu
ia pra cama, ligava a TV e dormia em segundos. Mas desde que te conheci…
não consigo mais dormir. Eu vou pra cama, ligo a TV e só consigo pensar em você."
"Certamente parece uma cantada."
"Um cara não pode dizer o que sente sem ser uma cantada? Retiro o que eu disse, ok?"
"Não pode retirar."
"Por que não?"
"Porque já foi dito."
"Ah! Autoritária. Advogada?"
"Sim. E você?"
"Escritor."
"Ah! Vagabundo. Já conheci alguns."
"Eu vou colocar uma música para discutirmos nossas profissões. 'Just Breathe', do Pearl Jam."
"…"
"O que foi?"
"Nada. Eu só… Eu amo essa música."

✳

"Tem uma teoria... de que você pode descrever a personalidade de uma pessoa
pelo seu gosto musical."
"Sério?"
"Sim. Existem alguns perfis de personalidade. Você nunca se perguntou por que algumas pessoas gostam de Queen e outras de Luan Santana?"
"Não. Eu gosto dos dois. Qual é meu perfil?"
"Esquisita."
"E o seu é idiota!", disse ela com um sorriso.
"Vamos em um pub que toque vários tipos de música para definirmos melhor nossos perfis."
"Vamos em dois pubs."
"Sério?"
"Sim. Se o primeiro encontro for um desastre, eu te darei outra oportunidade."
"Obrigado.
Além de fazer caridades, o que mais costuma fazer?"
"Sei lá. Discutir com minha irmã, ir à igreja, cantar no chuveiro. Antes que você faça uma gracinha, eu preciso fazer duas perguntas."
"Quais?"
"Você gosta de cachorros?"
"Sim."
"Sim? Só isso?"
"Como assim?"
"É a resposta mais sem criatividade e sem graça que já ouvi."
"É a pergunta mais vaga que eu já escutei."
"Então o problema é a pergunta?"
"Sim."
"Ok.
Você gosta de cachorros? Se SIM, justifique em um texto dissertativo, com introdução, meio e fim."
"Tudo bem.
Minha tia tinha uma cachorrinha chamada Mussarela. Ela tinha uma bola colorida com que brincava desde filhotinha. Dormia abraçada todos os dias com aquela bolinha.

Era a coisa que ela mais amava na vida. Quando eu ia na casa da minha tia, a primeira coisa que eu fazia era pegar aquela bolinha para ver a reação da Mussarela.
Eu olhava pra ela e dizia: 'Garota, você quer a bolinha?'. E ela ficava me olhando com o rabo balançando, me dizendo: 'É claro! É a minha coisa favorita'. Eu jogava o mais longe que eu podia. Ela corria desesperada atrás daquela bolinha e voltava toda animada para me entregar. Ela soltava e ficava esperando que eu pegasse. Ela nunca escondeu ou ficou com a bolinha.
Eu e a Mussarela só tínhamos oito anos de idade, mas ela me ensinou todos aqueles dias que o amor é compartilhar as coisas mais simples e importantes da sua vida. E é por isso que eu amo cachorros. Próxima pergunta."
"Calma, eu preciso respirar."
"É um ataque de asma?"
"Como uma pessoa pode falar algo tão lindo e depois quebrar o clima?"
"Ok."
"Você acredita em Deus?"
"Às vezes sim e às vezes não."
"Como assim?"
"Eu sempre me perguntei: 'Será que Ele existe?'. Em 2013 meu pai ficou doente e eu pensei 'Não, Ele não existe'. Meu pai era muito religioso. Mesmo doente, ele continuou rezando todos os dias e indo à igreja todos os domingos. Um dia eu perguntei pra ele: 'Pai, você vai à igreja achando que Deus vai te curar?'. 'Não', ele respondeu. 'Você vai pra que então?' 'Vou para agradecer a vida maravilhosa que Ele me deu.'
No dia que ele morreu, a última coisa que me lembro – e nunca vou esquecer – são os olhos do meu pai. Porque estavam cheios de imensa... gratidão. Naquele dia eu pensei: 'Deus existe'."
"Ique..."
"Desculpe, eu não choro fácil. Geralmente só faço isso depois do terceiro encontro."

✳

Ela se inclinou para me dar um beijo e eu disse:
"Não precisa me beijar por sentir pena de mim."
"Não estou te beijando por isso, idiota. Estou te beijando porque o que você disse
foi maravilhoso. Agora, você poderia por favor parar de falar um pouco?"
Ela me beijou e, de repente, meu mundo tornou-se mágico. Eu senti que estava em um filme, não um ruim, mas em um clássico superfodástico.
Com os rostos ainda próximos, e os lábios quase se tocando novamente, ela disse baixinho: "Você não tem ideia da confusão em que se meteu".
No início eu pensei: "Fodeu".
Mas, depois... "Quer saber? Não me importo.
Acabei de ter o encontro mais incrível da minha vida."

Quem ama liberta (2)

PARA OUVIR ENQUANTO LÊ:
Something More – Joshua Hyslop

Hoje fui dormir na casa da minha mãe.
Eu entrei no quarto dela para dar boa-noite e ela estava falando baixinho sozinha.
"O que você está fazendo?", perguntei.
"Estou conversando com seu pai", ela respondeu.
"Você pode ouvi-lo?", quis saber.
"Claro! Eu posso ouvi-lo em todo lugar. No vento... no ar... na luz. Ele está em tudo ao meu redor."
"Mãe, ele não está vivo e não está mais aqui."
"Meu filho, eu acredito que as pessoas que nós amamos continuam vivendo dentro de nós. Acredito na eternidade da alma. Não sei explicar, mas onde quer que eu esteja, sinto a presença dele ao meu lado. E, sempre que estou em dúvida, pergunto o que ele acha. Estou ficando louca?"
"Se ele estiver respondendo, sim."
"Claro que ele responde. E só porque você não pode vê-lo não significa que não pode falar com ele."
"E o que ele está dizendo agora?", perguntei.
"Espera."
Ela fechou os olhos e depois deu uma risada.
"O que foi?"

✳

"Ele disse: 'Se o copo estiver meio vazio, coloque tequila.'"
"Sério?"
"Não. Ele disse que eu sou linda e que você é chato."
"Então ele concorda com essa loucura?"
"Claro. Você conhece algum homem casado que discorda de sua mulher?"
"Não. Realmente não. Mãe, escutar alguém que já partiu é o tipo de coisa que só acontece em filmes."
"Não, meu filho. Tudo o que você tem que fazer é se abrir. Tudo o que você tem que fazer… é ouvir seu coração. Sabe, seu pai era muito religioso. Todo domingo estava na igreja. Um dia, nós conversamos sobre a morte e para onde as pessoas vão. Eu morria de medo de morrer, de me tornar nada. Seu pai acreditava que as pessoas boas iriam se encontrar no céu. Eu nunca acreditei em céu ou inferno. Até seu pai ficar doente.
Você se lembra do último estágio da doença? Ele não conseguia mais falar e quase não conseguia mais escrever no iPad. Uma noite, eu pedi para a enfermeira sair do quarto. Peguei o iPad, coloquei na mão do seu pai e disse: 'Meu bem, você sabe que eu odeio despedidas. Eu não sei dizer adeus. Eu não sei o que está por vir, mas eu sei que ficamos juntos até o fim e nós sabíamos que essa era a forma mais bonita de nos despedirmos. Vá, meu amor. Ficaremos bem. Pode ir'. Seu pai demorou mais de uma hora para escrever isto: 'Vou esperar você lá em cima'. 'Então, voa meu amor. Voa bem alto! Porque Ele está de braços abertos te esperando', eu disse. Ele fechou os olhos cheios de lágrimas e sorriu. Alguns dias depois, seu pai partiu. Meu filho, acabo de te contar algo que nunca contei a ninguém."

"Mãe..."
"Eu estou bem."

Ela fechou os olhos cheios de lágrimas e, depois de alguns segundos, sorriu um sorriso cheio de amor e esperança.

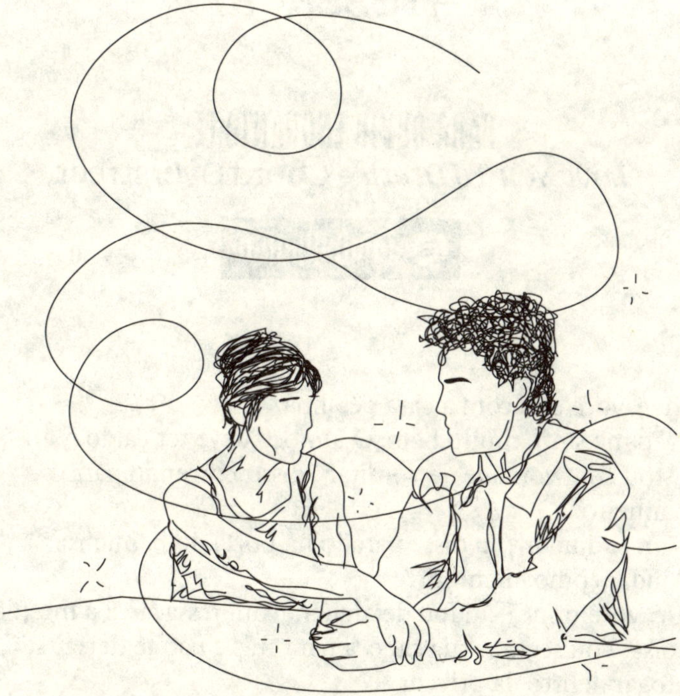

#ressaca

PARA OUVIR ENQUANTO LÊ:
Love You To Death – Chord Overstreet

"Mãe, você está com a cara péssima."
"Não me sinto muito bem. O almoço deve ter caído mal. Estou com vontade de vomitar", disse, correndo para o banheiro.
"Vim te ajudar", eu disse parado na porta do banheiro.
"Ajudar como, menino?"
"Ué, você nunca cuidou de alguém com ressaca? É a mesma coisa. Vou segurar sua cabeça para trás e não te deixar se afogar dentro da privada."
"Que cheiro é esse?"
"Arroz queimado."
"Parecem gases."
"Ok. Fui eu."
Voltamos para sala e nos sentamos no sofá.
"Você precisa ir ao médico."
"Por causa de um peido?"
"Mãe..."
"Só um momento. Preciso voltar ao banheiro."
"Por que não me disse que estava passando mal quando telefonei?", perguntei enquanto segurava a cabeça dela.
"Não queria te preocupar. Deve ser uma mera gastrite. Eu

estou bem. Só estou envelhecendo, algo que definitivamente não recomendo."

Ela se levantou, lavou a boca e as mãos e fomos até o quarto dela. Ela se sentou na cama.

"Mãe…"

"Tenho que voltar ao banheiro."

"Por que você não se muda logo pra lá? Já leva as fotos, os pratos da parede, os tapetes…"

"Ela se ajoelhou de frente para a privada."

"Mãe, olha pra mim."

"O que você está fazendo com esse celular?", ela perguntou.

"Diga 'X'."

"Não acredito. Apague essa foto."

"De jeito nenhum. Se você não for ao médico, vou postar essa foto no grupo da família
com a #ressaca."

"Ok, eu vou."

"Vou te ajudar a levantar. Promete não vomitar em mim?"

"Sim… Não. Não, não posso garantir."

"Certo, tudo bem. Vamos lá. Mãe, você precisa se cuidar."

"Eu deveria fazer uns exames, mas nunca tenho tempo. Escuta, amanhã estarei melhor. Pode ir para sua casa, não precisa se preocupar, eu ligo para você se continuar."

Enigma

PARA OUVIR ENQUANTO LÊ:
Free – Zion Goins

"Meu filho, o que você está fazendo?"
"Estou bebendo Coca-Cola, jogando PS4 e comendo Cheetos. Esse é o meu método de relaxamento e diversão."
"Sério? Nat deve estar em casa chorando e você está aqui se divertindo?"
"Não acho que ela esteja chorando. Foi ela que terminou comigo."
"E por que ela fez isso?"
"Em resumo, ela disse que eu não penso no futuro. Que a gente namorava há três anos e, em vez de pedi-la em casamento, eu chamei o filho do meu chefe de otário e perdi o emprego."
"Realmente, já é hora de você acordar. Olha, todo mundo gostaria de passar pela vida
sem pensar no futuro, mas isso não existe. Nós – e quando eu digo nós, entenda pessoas normais, que precisam levantar cedo para trabalhar em algo que odeiam –, nós temos nossas responsabilidades, nossas obrigações. Em resumo, já é hora de você sossegar e se casar."
"Preciso encontrar alguém antes, né?"
"E você está fazendo algo para isso acontecer?"
"Claro. Tirei fotos com muito filtro e atualizei meu perfil

no Instagram, Facebook e Twitter. Fui ao barbeiro, que me sugeriu um corte novo de barba. Já fui a encontros online, às escuras, com karaokê, com jogos de tabuleiro..."
"Gostou de alguém nesses encontros?"
"Eu conheci pessoas incríveis, inteligentes, divertidas, carinhosas, mas nenhuma era
a pessoa certa."
"Você deveria falar com um padre!"
"Eu nunca vou à igreja, mãe."
"Aí está o seu problema."
"Você conheceu meu pai na igreja?"
"Não. Numa praça perto de uma igreja."
"Mãe, como é ser amada?"
"Por que está me perguntando isso, meu filho?"
"Curiosidade. Como você descobriu que meu pai era o cara certo?"
"Ele comia o que eu cozinhava sem reclamar."
"Sério, mãe?"
"Sabe quando se conhece alguém e logo sente que é o amor da sua vida?"
"Não."
"Você já teve um beijo... de tirá-lo do chão... e fazê-lo voar até o céu?"
"Não."
"Tudo bem. Nem todo mundo tem essa sorte. Eu não descobri que seu pai era a pessoa certa de uma vez só. Isso aconteceu à medida que o nosso amor se tornou mais profundo. Quando ele começou a participar da minha vida, com um abraço de bom-dia, um 'eu te amo' ao sair para o trabalho, ao apoiar meus sonhos, não ir para a cama com raiva, ter muitas conversas e risadas. Nem vou falar sobre o quanto nós transávamos."
"Mãe!"
"Ok. Pulamos essa parte. Seu pai era uma daquelas pessoas que você queria o tempo todo por perto, dessas que iluminam sua vida, que destacam seu melhor todos os dias."
"Mãe, você está falando só as coisas boas e eu vejo meus

amigos dizendo sobre como é difícil um casamento."
"Meu filho, difícil é o adjetivo usado para o que os homens não gostam. Claro que todo casamento tem seus altos e baixos. Você acha que eu e seu pai não tivemos momentos ruins? Eu me lembro do nosso primeiro aniversário de casamento. Eu e seu pai subíamos as escadas mancando, exaustos, para colocar seu irmão na cama. Quantas vezes escutei: 'Conta aquela história, mamãe'?
'De novo, filho?'
'De novo, mamãe.'
Lemos os mesmos livros favoritos repetidamente até temermos por nossa saúde mental.
Tenho certeza de que catorze ou quinze anos lendo Menino Maluquinho, Maluquinho! Maluquinho! matou mais células cerebrais do que qualquer má decisão que tomei durante minha juventude. Enfim, naquele dia nós dois tivemos uma crise. Enorme! Seu pai começou a se perguntar se não estava deixando alguns sonhos de lado. Eu vi meu primeiro cabelo branco e achei que minha vida tinha acabado. Tudo isso acontecendo com um bebê chorando no quarto. Naquele dia, nós brigamos, discutimos, falamos coisas horríveis um para o outro. A briga só acabou quando seu pai me olhou e só disse uma palavra: 'Amor.'"
"Até com você meu pai soltava enigmas?"
"Claro. Ficamos em silêncio. Eu peguei seu irmão no berço e coloquei no meu colo. Seu pai começou a cantar e ele parou de chorar. É isso, meu filho. É sobre não ser perfeito, mas valer muito a pena. Haverá obstáculos ao longo do caminho e o casal que superar os problemas juntos, em um trabalho em equipe, conseguirá a peça-chave para entender aquele enigma e ter um casamento feliz.

Em resumo, viver com alguém é um aprendizado lento e constante. São duas pessoas lutando contra os problemas, ano a ano, envelhecendo juntas e ao mesmo tempo permanecendo únicas.

Meu filho, eu não sei quanto tempo vai demorar para você encontrar a tal pessoa certa. Eu só desejo que você encontre uma pessoa que esteja disposta a tentar, que quando falhar não queira desistir e sim continuar, que se esforce pra te entender, cujo amor seja generoso, demonstrado em ações concretas, e não apenas em palavras ou ideais.
E eu sei, em algum momento, Deus vai colocar essa pessoa especial no seu caminho. Alguém com quem possa envelhecer, que destaca tudo que existe de bom em você, que vai caminhar ao seu lado por todo o caminho até o fim. Alguém como seu pai foi pra mim."

Se amar fosse fácil, qualquer um o faria

PARA OUVIR ENQUANTO LÊ:
In & Out – Casey McQuillen e John McLaughlin

Você me disse que as pessoas se apaixonam facilmente.
Eu nunca acreditei nisso.
Se amar fosse fácil, qualquer um o faria.
Até que um dia você me disse: "Eu te amo".
E, na mesma hora, eu respondi de volta.

No outro dia, acordei culpando a vodca.
Há tantas coisas que não podemos controlar
e que não podemos prever.
Como poderíamos saber que, com o tempo,
deixaríamos de tentar fazer um ao outro feliz
e que todo aquele amor, um dia, iria desistir.
Eu nunca entendi.
Pensei que estaríamos juntos nos momentos difíceis.

Onde foi que nós erramos?
Eu sei que começamos muito bem.
Poderia jurar que dessa vez seria para sempre.
Eu queria entender.
Como você disse com tanta calma
que eu estaria melhor sem você?
Se era realmente amor, por que você me deixou?
Todos os momentos bons, como você esqueceu?
Como todo aquele amor desapareceu?
Se eu dissesse que não sinto falta
de todas as coisas boas que tínhamos, estaria mentindo.
Não, eu não segui em frente, mas estou tentando.
É um longo caminho.
Leva um tempo para reconstruir
o que foi destruído por dentro.
É tudo muito confuso quando estou em um encontro.
Não posso evitar de comparar tudo.
Sim, já se passou um mês – ou foram dois? –
desde que dissemos que acabou.
Então, por que parece que estou traindo você?
Eu sou livre e você também.
Tenho certeza de que você está na cama de alguém
fazendo o que você faz tão bem.
Se eu dissesse que não sinto falta
das risadas, dos suspiros, dos abraços
e das longas despedidas,
estaria mentindo.
Não, eu não segui em frente, mas estou tentando.
Não é fácil aceitar que um amor deu errado.
Leva um tempo para o coração machucado
acreditar que o futuro
não irá repetir o passado.
Acredite. Amar não é fácil.
É muito difícil
Acreditar que algo tão bom
chegou ao fim.
E eu sei que você não é perfeito, mas eu o criei assim.

*

Quantas vezes eu me perguntei:
"Eu já fui amado por você?".
Eu não estou pedindo para você me responder.
Estou pedindo para você acreditar em mim.
Se amar fosse fácil,
você ainda estaria aqui.

Como superar uma perda

PARA OUVIR ENQUANTO LÊ:
New Moon – Birdy

Hoje eu estava atravessando a rua e escutei alguém gritando.
Parecia o meu nome.
Olhei para trás e não enxerguei ninguém.
Continuei andando e, antes de ser atropelado por um carro, uma pessoa me segurou e disse: "Você é surdo?".
"Sim. E cego", respondi.
"Percebi você saindo desse hospital há duas semanas.
Eu gritei, buzinei, até saí do carro.
Pulei no meio do trânsito."
"Você é louca?", perguntei.
"Sim. E sua amiga, idiota", respondeu me dando um soco.
"Eu sei. Me desculpe ter sumido, Lô."
"Sumido? Ique, você desapareceu!
Mudou de telefone, endereço e não responde direct no Instagram."
"Muita coisa mudou nos últimos anos", eu disse.
"Sim. Você escreveu um livro e não responde mais mensagem."
"Verdade. Piores tipos. E você, Lô?

A última notícia que tive é que você tinha abandonado a faculdade."
"É, não era muito a minha praia."
"Não? Por que não?"
"Sei lá. Parecia que eu estava no Twitter o dia inteiro.
Eu ficava lá sentada ouvindo as pessoas falando mal umas das outras.
Reclamando de tudo e querendo mudar o mundo.
Eu aprendi muito mais com os livros do que naquele curso."
"Qual o seu livro preferido?", perguntei.
"Não é o seu", ela respondeu rindo.
"Droga", respondi.
"Por que você resolveu escrever?"

**"Às vezes a gente precisa pegar o pior que aconteceu em nossa vida
e transformar em algo bonito."**

"Por que parou de falar?"
"Começou a parecer idiotice."
"Você não é idiota."
"Como sabe?", perguntei.
"Eu trabalho em uma casa de strippers. Vejo idiotas todos os dias.
Vamos dar uma volta?"
"Ok".
"Posso fazer uma pergunta?"
"Claro."
"Eu perdi uma tia que eu amava muito.
O que você acha que acontece depois que morremos?"
"Meu pai achava que as pessoas iriam para o céu ou para o inferno.
Minha mãe acha que você simplesmente morre e nada acontece.
Eu não tenho a menor ideia de quem está certo.

Eu só sei que quando você morrer
as pessoas que te amam
sentirão a sua falta."
"Nossa... que bonito isso.
Eu juro que eu gostaria de parar de sentir raiva por minha
tia ter partido.
Mas não consigo.
Como foi quando ele morreu?"
"Meu pai?"
"Sim. O que você sentiu?"
"Eu queria dizer que lidei bem com a situação,
mas a verdade é que no início eu também senti muita
raiva.
Não comi durante um mês, às vezes acordava chorando
e chorava até dormir de novo."
"Quando alguém que a gente ama morre, fica um vazio por
dentro, não é?"
"Perder uma pessoa que você ama é como tirar algo de você,
algo que é tão importante que você não sabe quem você é
sem aquilo."
"Como superar a perda de alguém?"
"Acho que é impossível. Nunca vou esquecer esse
sentimento.
Me despedir do meu pai foi a coisa mais difícil que eu fiz.
Porque eu sempre achei que todo mundo tivesse uma
missão aqui.
E a minha era salvar meu pai.
E no final eu não consegui.
Depois de muitos anos, finalmente percebi.
Que o importante nunca foi salvá-lo,
e sim amá-lo.
Um dia, quem sabe, a gente possa se encontrar.
E, até lá, eu sei que tenho um anjo da guarda
que nunca vai me abandonar."

Quebrando as regras

PARA OUVIR ENQUANTO LÊ:
Got the Love – James Smith

Enviei uma mensagem para a Mari do Instagram: "Vamos sair?".
"O que está fazendo?", ela perguntou.
"Estou lavando minha cabeça na pia. E você?"
"Ique, você é estranho e tem uma história incrível. Está sendo divertido sair com você,
mas minha vida está um pouco complicada."
"Você não está livre? É isso?"
"Eu estou bem livre!"
"'Bem livre?' O que quer dizer isso?"
"Eu só... Estou em um momento da minha vida no qual estou amando ficar solteira."
"Isso é tão hardcore."
"Eu não quero me relacionar com ninguém agora."
"Entendo. Bom, saiba que eu também não estava procurando ninguém para me relacionar. Mas então eu conheci você e achei que valeria a pena tentar", respondi.
"Que droga!", ela disse.
"O quê?", perguntei.
"Vamos sair", ela respondeu.
"Então está disposta a deixar rolar e ser surpreendida?"
"Sim. Mas com algumas regras."

"Quais?"
"Sem apelidos, sem mãos dadas e sem emoções."
"Ok. Combinado."
"Para onde vamos?"
"Amanhã te ligo."
"Quem liga no século 21 pra combinar um encontro?"
Mensagem visualizada e não respondida.
No outro dia liguei:
"Alô."
"Não acredito..."
"O quê?"
"Você realmente ligou. Você é muito esquisito."
"Isso é um elogio?"
"Não."
"O que você está fazendo?"
"Estou enlouquecendo!"
"Por quê?"
"A empresa onde eu trabalho enviou para todos os funcionários um e-mail com o assunto: 'Por que a empresa precisa de você?'. Eu estou há três dias olhando para uma página em branco."
"Eu preciso sair urgente, depois nos falamos", eu disse.
"Ok."
Peguei a chave do carro e fui até a casa dela.

Estou na porta da sua casa, enviei a mensagem.
Você é louco?
Um pouco
Eu vou me trocar

Trinta minutos depois, eu estava cochilando dentro do carro e ela bateu na janela e disse:
"Abre a porta!"
Quando entrou, falou:
"O que você está fazendo aqui?"
"Vim te ajudar com a carta."
"É mesmo? Como?"
"Você..."
"Para!"

✴

"O quê?", perguntei.
"Você está com a cara de quem vai falar: 'Você é linda'.
Eu escuto isso umas três vezes ao dia. Estou cansada de elogios superficiais."
"Eu não ia dizer isso."
"O que você ia dizer?"
"Está bem. Vou falar.
Mas preciso me certificar de que você entenda que isso não é um jogo."
"Ok."
"Você é entusiasmada e um pouco chata. Não é falsa, nem excessivamente vaidosa.
É intensa, corajosa e possivelmente bipolar.
Não está perdida, então não precisa se encontrar.
É insistente, forte e determinada. É bem livre, não está aprisionada, então ninguém precisa te libertar. Você é de família rica,
mas está determinada a vencer sozinha. Agora pode me responder quem não iria querer uma garota incrível como você?"
"Você veio até aqui para me dizer que sou incrível?"
"Sim."
Ela segurou minha mão e, com um sorriso no rosto, disse: "O que estamos fazendo?".
"Quebrando as suas regras."
"Eu acho que vou embora agora."
"Acho que você já disse isso..."
"Estou enrolando porque não quero sair desse carro.
O que é estranho pra mim, porque, normalmente, só saio com os caras da igreja.
Acha que podemos... ir devagar e só ficar abraçados?", ela perguntou.
"Claro", respondi e ela lentamente me abraçou.
Faria de tudo para voltar no tempo e experimentar mais uma vez...
aquela sensação incrível de tê-la novamente em meus braços.

Não temos muito tempo

PARA OUVIR ENQUANTO LÊ:
I'm Here – Sweet Talk Radio

Alguém uma vez me disse que não temos muito tempo.
Então, eu pensei em te dizer: não deixe o mundo mudar você.

Eu sei que você está em um momento difícil.
Está na sua cara que isso dói de uma forma que não consegue explicar.

Eu também já passei por algo assim.
O amor é confuso e complicado, sabe?
Você nunca pode se preparar para o modo como ele vai te fazer sentir
ou saber como você vai lidar quando ele te machucar.

Nem sempre você vai entender.
Às vezes você só precisa se segurar ao que estiver à sua volta para sobreviver.

Não se preocupe com o que vão dizer.
Você não tem que mudar ou encontrar nada.
Não tenha pressa e não deixe que ninguém corte suas asas.

*

Voe.
Busque o que você ama e acredite no que sente.

Erga a cabeça e nunca esqueça:
até as coisas de que gostamos podem nos fazer mal.
Livre-se do que é falso e mantenha o que é real.
Não deixe a vida quebrar seu coração.
Em cada experiência se aprende uma lição.
Nem tudo é em vão.

Uma vez você me disse que não temos muito tempo.
Então, eu pensei em te dizer:
a melhor coisa que você já fez por mim foi me ensinar
a levar minha vida menos a sério.
Afinal de contas, é só a vida, não é mesmo?

Eu não sei onde você está agora, mas dentro deste lugar,
quando todas as luzes se apagarem,
saiba que a escuridão nunca será capaz de diminuir
a luz que brilha em seus olhos.

Medo e coragem

PARA OUVIR ENQUANTO LÊ:
Moments – Link Lewis

"Filho, o que está fazendo aqui?"
"Eu estava no bairro e pensei em passar aqui para saber se você está bem."
"Eu estou bem, e você?"
"Estou com um pouco de dor de cabeça."
"Sabe o que é bom para dor de cabeça, né?"
"Neosaldina?"
"Vodca!"
"Mãe!"
"Ok. Vou buscar o remédio pra você no banheiro."
Ela caminhou, colocou a mão na parede e parou no meio do caminho.
"O que foi, mãe?", segurei a mão dela.
"Estou um pouco tonta."
"Mãe, não comece."
"Não comece com 'não comece'."
"Você tem que ir ao médico."
"Você tem que parar de cuidar da minha vida e começar a cuidar da sua."
Ela soltou minha mão e começou a andar. Escutei um barulho e saí correndo.
Ela estava caída no meio do banheiro.

✳

"Mãe?!! Consegue me ouvir? Mãe?!!!"
Ela abriu os olhos lentamente e disse: "O que aconteceu?".
"Você desmaiou. Em que ano estamos?"
"2020."
"Qual o seu nome?"
"Luciene."
"Nome completo."
"Luciene cansada de ser interrogada."
"Quem venceu o último MasterChef Brasil?"
"Rodrigo. Triste, mas é verdade."
"Há quanto tempo está sentindo tontura?"
"Não faz muito tempo."
"Há quantos dias?"
"Foi há… meses."
"MESES????!?"
"Dois meses, acho."
"Você acha??"
"Provavelmente três."
"Como você não sabe?"
"Eu não tenho um calendário pra marcar os dias em que fico tonta."
"Você está sentindo alguma coisa?
 Dor no peito? Falta de ar?"
"Estou bem."
"Jura?"
"Não sei por que não acredita quando digo que estou bem."
"Deve ser porque toda vez que você diz que está bem, logo em seguida você vomita ou desmaia."
"Você nunca desmaiou?"
"Nunca.
 Como é a sensação?
 Você consegue lembrar de algo?"
"Um desmaio te faz imaginar coisas. Quando eu estava no chão do banheiro, eu estava assim: 'Se eu morrer, ele vai pensar que a culpa é dele'. Eu lembro de pensar em como seria ruim… se a última coisa que fizéssemos fosse brigar."
"Mãe… O que eu tenho que fazer para você se cuidar? O

que eu devo fazer quando sua neta acordar e perceber que você não está mais aqui?"
"Estou com medo."
"Você e o resto do mundo."
"Você também está com medo, meu filho?"
"É claro!"
"Mas eu sempre achei você tão corajoso."

> "Ser corajoso não é ser valente o tempo inteiro. Tem a ver com o que você faz quando tem medo. Se mantém a cabeça erguida e ousa fazer o que é certo na sua vida."

Quando você vai me ouvir?

PARA OUVIR ENQUANTO LÊ:
Falling – Wolf and Willow

Quando você vai me ouvir?
Tudo acontece aos poucos.
Ele vai se desculpar, dizendo que sente muito.
Depois vai te prometer o mundo e te fazer esquecer de tudo.
E vai ser assim: erros que vão sempre se repetir.
Ele vai chamar isso de amor.
Mas vai te dizer como agir e o que vestir.

Quando você vai me ouvir?
Ele vai continuar brigando por nada e te deixar ir embora sozinha pra casa.
Ele vai dizer que vai mudar, mas a única coisa que ele vai fazer é te transformar em algo que você não vai aguentar.

Quando você vai me ouvir?
Ele vai dizer que não foi por querer e ainda vai colocar a culpa em você.
Depois disso, você vai se perguntar: "Por quê?".
Quando você vai me ouvir?
Você não vai salvá-lo, menina!
Não deixe ele te destruir.

Ele vai despertar o amor e o cuidado, para te manter presa ao seu lado.
Te fazendo acreditar que você não está bem e que precisa dele também.

Quando você vai me ouvir?
Ele vai prometer nunca levantar a mão para você.
Mais uma promessa que ele vai deixar de cumprir.
E você vai pensar: "O que eu fiz pra merecer algo assim?".

Quando você vai me ouvir?
Ele te afetava de um jeito que você não conseguia mais respirar.
Você chorava por ajuda, mas ninguém conseguia escutar.
E mesmo assim ele te pedia pra esquecer e voltar.

Você se esquecia do fim e se lembrava do começo.
Como pode alguém ser apaixonado desse jeito?
Te fazendo acreditar que te vê por inteiro
e que mais ninguém nesse mundo vai te causar esse efeito.

Quando você vai me ouvir?
Eu não vou desistir e nem parar de dizer.
Você merece uma pessoa que seja incrível com você.

E, quando você perceber que é capaz de deixar algo que só te faz mal para trás, então você encontrará a paz.

Resultado

PARA OUVIR ENQUANTO LÊ:
Wherever I May Go – Jake Etheridge e Stefanie Scott

"Ei, mãe, onde você estava?"
"Saí para buscar alguns exames e fui levar para o médico."
"E está tudo bem?"
"Lembra que eu disse que meu mal-estar poderia ser gastrite?"
"Sim."
"Não era."
"Do que você está falando?"
"Os resultados são preocupantes. Meus leucócitos e plaquetas estão muito baixos. Minha medula não está funcionando direito."
"O que isso significa?"
"Significa que estou doente. Para confirmar, temos que esperar sair os outros resultados do laboratório. Mas, como boa capricorniana persistente que sou, pressionei o médico até ele falar."
"E o que ele disse?"
"Ele disse que posso estar com aquela doença que não gosto de falar o nome."
"..."
"Meu filho", ela falou com a voz trêmula.

"O que foi, mãe?", perguntei.
"Eu estou apavorada!", falou com os olhos cheios d'água.
"Vem cá, mãe", eu disse com os braços abertos.
"Sinto muito, filho."
"Mãe..."
"Você vai dizer: 'Eu te avisei'. Vai, Ique, diga que eu tinha de ter me cuidado e olhado isso antes. Vamos lá, eu sei que você está querendo dizer: 'Eu avisei'."
"Mãe..."
"Quer saber? Pare. Não estou a fim de sermão de filho agora. Eu preciso descansar."
"Ok", respondi e fui caminhando até a porta.
"Aonde você está indo?"
"Você não quer que eu vá embora?"
"Não! Eu sei que você quer dizer algo. Então, diga!"
"Mãe, a única coisa que me importa é cuidar de você. Hoje e sempre. Eu amo você. É só o que eu queria te dizer."
Ela chorou e me abraçou.

Sorrindo

PARA OUVIR ENQUANTO LÊ:
Trying My Best – Anson Seabra

Peguei meu celular e enviei uma mensagem para a Mari.
Estou stalkeando seu Instagram e eu não te vi sorrindo em nenhuma foto há um bom tempo.
Ela disse:
Pra ser sincera, já tem um tempo que eu estou sentindo falta de dar boas risadas.
"Quer ouvir uma piada?"
"Não, por favor!"
"O marido pergunta para a mulher...", eu disse.
"Marido de quem?", ela perguntou.
"É só uma piada", respondi.
"Hum... Seria mais legal se fosse sobre um amigo!"
"Ok. O Bruno, meu amigo, falou para a Naty: 'amor, quando eu morrer você vai chorar muito?'"
"Por quê? Ele tá doente?"
"Não! Não tem ninguém doente! Foque na piada."
"Ok!"
"A Naty respondeu: 'Claro, amor! Você sabe que eu choro por qualquer besteira.'"
"Sério, Ique?", ela indagou.
"Nem um sorriso de cortesia?", pedi.
"Quando for engraçado, talvez!"

"Vou fazê-la sorrir, Mariana."
"Ique, você tem uma religião?"
"Nunca fui de nenhuma religião."
"Mas você disse que seu pai era católico, certo?"
"Sim."
"O que vai fazer hoje à noite?"
"Nada. Está chovendo."
"Vamos na célula?"
"O que é isso? É um tipo de rave?"
"Não, seu esquisito! É um grupo de amigos. Nos reunimos para compartilhar nossos sentimentos e orações."
"Tem comida?"
"Muita!"
"Então ok!"
Chegamos ao lugar e logo apareceu uma pessoa.
"Ei, Mari! Que bom que você veio."
"Ei, Marcelo! Esse é o Ique."
"Vou deixar vocês dois conversando e vou cumprimentar as outras pessoas."
"Seja bem-vindo à nossa célula, Ique."
"Obrigado."
"Você é da igreja?"
"Não."
"Participa de alguma célula?"
"Não."
"Além da Mari, o que te trouxe aqui?"
"A comida."
Ele deu uma risada e disse: "Então, vamos comer!".
Depois de alguns minutos, as pessoas se assentaram, fecharam os olhos e começaram a cantar uma música que eu nunca tinha escutado na vida.
Quando abri os olhos, as meninas estavam indo para outro lugar.
Olhei para Mari e perguntei: "O que está acontecendo?".
"Eu e as meninas vamos para outra sala e você vai ficar aqui com os homens."
"Sério?"

✳

"Sim."
Depois de uns trinta minutos de estudo e oração, um dos caras me olhou e disse:
"Ique, sei que é sua primeira vez aqui, mas esta é a hora de nos soltarmos, de deixarmos cair algumas barreiras.
O que você faz?"
"Sou escritor."
"Ah, que legal!
Então, o que tem escrito?"
"No momento, nada."
"O que você fez no fim de semana?"
"Nada demais."
"Você é um escritor, sua vida deve ser bem interessante."
"Não, não é. Minha vida é tediosa."
"Não fale assim. Como foi seu dia hoje?"
"Dormi até mais tarde. Acordei e comi quatro barras de chocolate. Nossa.
Eu nunca me senti melhor", respondi com ironia.
"Ique, você quer falar mais? Vejo que está precisando."
"Tudo bem. Vou contar como estou me sentindo. Há uns seis meses eu terminei um relacionamento de anos, saí do emprego, mudei de casa e estou dormindo no sofá de um amigo. Hoje acordei e não tinha leite. Eu comprei a porcaria do leite e ele usou para dar para o gato. Mas não pensem que essa é a última página da história. Semana passada minha mãe descobriu que está com câncer."
"Ique, sinto muito. Nós vamos orar por ela. Você quer nos contar mais alguma coisa?"
"Ainda uso o Netflix do meu ex-sogro."
Todos ficaram em silêncio. Não sabia se era pelo relato ou pela falta dos vinte reais para pagar o próprio streaming.
Quando olhei para o lado, as meninas estavam paradas na frente da porta. Mari me levou pra fora.
"Ique, me pergunte como estou agora."
"Mari, como você está agora?"
"Algumas semanas atrás eu terminei um noivado. Um relacionamento abusivo. Eu contava para as pessoas que ele

me diminuía, me controlava e que eu estava destruída. Em vez de me apoiarem, as pessoas me questionavam. Diziam coisas do tipo: 'Será que não é coisa da sua cabeça?'; 'Você não está exagerando os problemas normais de um relacionamento?'. Ninguém ficou ao meu lado.
Alguns dias depois, eu larguei meu emprego. Eu ganhava bem, mas era assediada. Em vez de me apoiarem, as pessoas me questionavam. Diziam coisas do tipo: 'Será que você não está entendendo errado?'; 'Não era só brincadeira?' Ninguém ficou ao meu lado. Isso tudo é pra dizer que vivo rodeada por pessoas, mas também me sinto completamente sozinha."
"Mari...", eu comecei a falar, mas ela tinha mais a dizer.
"Mas não pense que essa é a última página da história. Então, nesse tempo estava decidida a não deixar nenhum homem chegar perto para que ninguém me machucasse. Aí, você apareceu. O escritor meio bobo, esquisito, que conta piadas ridículas. Ique, você me chamou para sair e, em meio a uma semana ruim, encontrei um momento bom. E... sabe, nós rimos. Apesar de tudo, nós rimos e continuamos rindo. Eu quero que você saiba que você não está sozinho."
Ela falou aquilo sorrindo e me deu um abraço apertado. E, naquela noite, eu descobri.

Às vezes só é preciso um tipo diferente de amor para fazer você sorrir.

Problema sério

PARA OUVIR ENQUANTO LÊ:
Still – David Nevory

"Meu filho, senta aqui do lado da sua mãe. Há uma coisa que queria te perguntar."
"Claro, mãe."
"Prometa que não será imaturo sobre isso."
"Tudo bem."
"Um homem, quase aos quarenta, sem esposa, sem um bebê e tudo mais. Você está com algum problema?"
"Do que você está falando, mãe?"
"É que vi um documentário sobre como alguns homens na sua idade ficam desequilibrados com a baixa de testosterona. Eles começam a ter... Ouça, às vezes, os homens... podem ter alguns problemas para... Você sabe, se preparar."
"Mãe, só porque eu não te dei um neto você acha que eu estou impotente?"
"Não está? No documentário diz que tem cura. Um chá especial."
"Não! Não tenho nenhum problema aqui embaixo."
"Que bom! Eu passei muitos anos preocupada com você."
"Por quê?"
"Ah, filho, sabe, antes de você completar um ano, seu pênis começou a ficar roxo."
"Roxo?"

"Sim."
"E o que você fez?"
"Nada."
"Nada??"
"Eu sabia que você estava bem."
"E como você sabia? Você não é médica. Quer dizer, quantos pênis você já viu para saber? Não! Pelo amor de Deus não me responda."
"Meu filho, estou ficando preocupada."
Sem aguentar mais aquela conversa, saí de perto.
Algum tempo depois, escutei um barulho no quarto.
"Mãe!"
Ela não respondeu. Voltei para o quarto e ela estava caída ao lado da cama.
"MÃE!!", gritei.
Ela não respondia.
"MÃE!!!!", eu gritava sem parar.
Sem respostas.
Coloquei minha mãe em meus braços e a levei para o hospital.

Eu sempre soube

PARA OUVIR ENQUANTO LÊ:
Lego Bricks – Euan Allison e Lily Williams

Depois de passar a noite no hospital e sem muitas notícias, um médico apareceu.
"Ei, doutor…"
"Olá, você é o filho da Luciene?"
"Sim. Como ela está?"
"Ela está estável, mas com a queda sua mãe teve uma lesão na cabeça. Até ela acordar, não sabemos se haverá problemas como perda de memória ou de fala."
"E os resultados daqueles exames saíram?"
"Sim. Infelizmente confirmaram um tipo de câncer raro no sangue."
"Eu posso vê-la?"
"Claro, assim que ela for para o quarto."
"Obrigado, doutor."
Eu saí do hospital para tomar um ar. Eu precisava respirar. Uma hora depois voltei e já tinham levado minha mãe para o quarto.
Abri a porta e ela estava com os olhos fechados.
"Ei, mãe. Pode me escutar? Sou eu, Ique. Mãe, eu não posso mentir. Não sei o que eu vou fazer quando você não estiver mais aqui. Você é a única pessoa que aceita meus defeitos. E eu sei o quanto isso é difícil porque sou a pessoa

mais defeituosa do mundo. Eu não sei me cuidar. Você tem ideia do que vai acontecer comigo quando você não estiver mais aqui? Eu vou entrar em depressão e usar aquelas drogas que a gente só vê na televisão. Você vai estar em outro lugar e não vai poder me ajudar. Que idiota que eu sou. Estou chantageando a pessoa que sempre me amou.
Isso não foi legal. Foi mal, mãe. A verdade é que eu preciso de um milagre. Eu fico falando igual a uma metralhadora, milhares de palavras saem da minha boca, mas não significam nada. E, quando quero encontrar palavras que digam o que eu realmente sinto, não consigo falar:
'Sinto sua falta'.
'Eu te amo'.
'Meu mundo é mais bonito quando você está aqui'.
Mãe, eu não posso deixar você ir sem você saber o quanto você é importante pra mim. Por favor, acorde. Abra os olhos."
Meu telefone tocou e era um número desconhecido.
"Alô."
"Ei, Ique."
"Mari? De quem é esse telefone?"
"Da minha mãe. O meu acabou a bateria."
"Posso te ligar mais tarde?"
"Aconteceu algo?"
"Minha mãe está no hospital."
"O que ela tem? Precisa de algo?"
"Ela já está no quarto. Depois nos falamos"
Desliguei o telefone, deitei minha cabeça no peito da minha mãe e disse:
"Mãe, não é o momento, não é uma boa hora para pensar em outra pessoa, mas eu acho que estou apaixonado. Toda vez que eu escuto a voz dela, sinto que estou flutuando. É como se uma brisa leve pudesse me levar até ela. O que eu faço?"
"Ique?"
Minha tia entrou no quarto.
"Tia Maria? O que você está fazendo aqui?"

"Eu estava aqui e sua mãe pediu para eu buscar as coisas dela em casa enquanto ela tirava um cochilo."
"O quê? Como assim?"
Minha mãe abriu olhos com um sorriso largo no rosto.
"Não acredito!"
"Eu que não acredito na sua chantagem", ela disse.
"Chantagem?", minha tia perguntou.
"Longa história. Tia, eu preciso ir em casa buscar minhas coisas. Você pode ficar aqui?"
"Claro", ela respondeu.
"Meu filho", minha mãe disse.
"O que, mãe?"
"A maioria das pessoas que conheci ao longo da vida guardou os sentimentos para si mesmo. E sabe o que aconteceu com essas pessoas?"
"Elas levaram menos foras na vida?"
"Não. Elas envelheceram, ficaram tristes e esquisitas. Não esconda mais seus sentimentos. Diga tudo o que sente antes que seja tarde."
"Mãe, e se..."
"Ique, não tente forçar nada e nem entender tudo.

**A vida é uma experiência única de emoções complicadas.
Você pensa demais nas coisas. E se eu fizer isso, e se eu não fizer, e se... e se. Troque o 'e se' para 'eu vou' e vá.
Vá receber tudo que a vida tem para lhe dar. E, por favor, não crie expectativas.
Sorria, vá devagar e apenas viva.**

Diga pra garota do telefone que você está apaixonado. Vá até ela, conte e seja feliz."

"Mãe…", eu disse.
"Eu estarei aqui", ela disse.
"Eu te amo!"
"Eu sempre soube, meu filho."

Na igreja

PARA OUVIR ENQUANTO LÊ:
Take it Slowly – Garrett Kato

Numa noite dessas, eu estava andando na rua, pensando na vida, e vi a igreja que meu pai sempre frequentava. Fiquei uns cinco minutos na porta pensando: "Será?".
Resolvi entrar.
"Qual o seu nome, meu filho?", o padre perguntou.
"Ique."
"Ique? Filho do Juarez e da Lu?"
"Sim. Você os conhece?"
"Claro. Nossa, como o tempo voa! Eu batizei você bem pequenininho. Por anos seus pais vieram aqui todo domingo e sempre sentavam na primeira fila. Sinto muito pelo que aconteceu com seu pai."
"Obrigado, padre."
"Sua mãe não vem aqui desde que ele faleceu. Como ela está?"
"Ela está com câncer."
"Deus tenha piedade. Você quer rezar pela sua mãe?"
"Eu nunca rezo."
"O que disse?"
"A última vez que rezei foi há mais de trinta anos na aula de religião."
"Lembra da oração?"

"Claro. Eu pedi humildemente para passar de ano e também pela Ana Carolina."
"Quem é Ana Carolina?"
"Era uma menina da escola. Sempre gostei muito dela desde criança. Mas ela não falava comigo."
"Por que ela não falava com você?"
"Ah! Quando você está na quinta série e seus amigos te chamam de 'chupeta de baleia', fica difícil uma menina olhar pra sua cara. E, sabe, padre, quando você passa sua infância inteira sendo ignorado, fica difícil acreditar que existe um Deus ao seu lado. Mas invejo quem acredita… e quem tem certeza de que existe algo."
"Meu filho, a vida pode ser muito difícil, mas me escute: todo mundo tem uma ferida para ser curada. Deus está aqui e em todo lugar para te ajudar. Ele nunca irá te abandonar."
"Padre."
"Diga, meu filho."
"Meu pai rezava toda noite. Ele deixava a porta aberta e dizia: 'Filho, o dia que quiser entrar saiba que eu e Ele estaremos sempre aqui para te ajudar'. Um dia eu perguntei para ele: 'Pai, por que você reza?'. Ele respondeu: 'Às vezes, parece impossível e é por isso que oramos'. Eu nunca entrei naquele quarto. Meu pai ficou doente e, como ele parou de falar, não teve tempo de me ensinar a rezar. Padre, você pode por favor me ensinar a rezar?"
"Claro!"
Eu preciso fazer o sinal da cruz? Olhar para cima? Acender uma vela?"
"Meu filho, uma oração só precisa ser pura, sincera e cheia de fé."
"Ok."
Me afastei, ajoelhei e disse:
"Um, dois, três. Testando. Ei, Deus. Sou eu. Está me ouvindo? Eu realmente preciso falar com Você. Desde a última vez que conversamos, a caminhada tem sido difícil.

Eu achava que a culpa de as coisas darem errado era sua e que Você não estava nem aí pra minha dor. Acabei sendo muito duro com Você nos últimos anos. Me desculpe por isso.

Não sei por que estou olhando para cima, mas, se ainda estiver por aí, preciso que faça algo por mim, e eu juro nunca mais te pedir nada. Sabe minha mãe? Sua filha. Eu preciso que ela fique bem. Você já levou meu pai. Não leve ela agora também. Ah! Você poderia por favor dizer ao meu pai, Juarez, que esta oração é do Ique, seu filho? Ele vai gostar de saber disso. Amém."

Um tipo de amor (1)

PARA OUVIR ENQUANTO LÊ:
if you ask me to – Charli d'Amelio

Quero um tipo de amor que dure mais que uma noite,
que possa amanhecer e ver o sol nascer.

Um tipo de amor que seja mais que só uma primeira vista e frio na barriga,
que me beije e faça as pazes logo depois de uma briga.

Um tipo de amor que não tenha a pretensão de ser perfeito,
que me faça perder a noção do tempo,
com quem eu possa compartilhar meus segredos mais profundos,
que todos os dias me ensine a me amar um pouco mais.

Quero um tipo de amor com quem eu possa ficar à vontade, sem vaidade,
e tenha intimidade para mostrar minhas piores partes.

Quero um tipo de amor que me traga paz, que não me trate como tanto faz.

Alguém para me envolver e entender que dias tristes vão acontecer
e que isso nunca será motivo para desistir ou desaparecer.

Um tipo de amor sem destino ou motivos; que apenas queira ficar comigo.
Eu espero descobrir um tipo de amor sem hora ou dia para acabar.
Um que, depois que o tempo passar, tenhamos uma linda história para contar.

Um tipo de amor (2)

PARA CONTINUAR OUVINDO ENQUANTO LÊ:
if you ask me to – Charli d'Amelio

Eu quero alguém para compartilhar
uma cama por mais de uma noite.
Alguém que me lembre de usar protetor solar
que saiba que eu não funciono de manhã
e me dê café para acordar.

Eu tenho medo de amar
e nunca encontrar.

Alguém que escute as histórias
que eu tenho para contar
e que me dê espaço suficiente
para respirar.

Eu tenho medo de amar
porque eu sou cheio de defeitos
e me jogo facilmente por inteiro.

Eu quero alguém
que ilumine o lado escuro da minha vida.

✻

Alguém para compartilhar meu café
meu protetor solar, minhas histórias
e minha cama todos os dias.

Alguém cheio de defeitos
e que se joga facilmente por inteiro.

>Eu não me importo
>se você também tem medo de amar.
>Eu só quero alguém
>para tentar.

Brisadeiro

PARA OUVIR ENQUANTO LÊ:
Carry On – NOAHS

Era sábado à noite e fui até a casa da minha mãe.
Quando abri a porta, ela estava sentada à mesa dando gargalhadas com uma amiga.
"Ei, meninas!"
"Ei, filho!"
"Ei, Ique!", a Josie disse sorrindo. "Bem, eu já estava de saída. Aproveitem!"
E saiu abrindo a porta rindo.
"Mãe, o que vocês fizeram?"
"Ela veio aqui em casa jogar buraco e comer brisadeiro."
"Brisadeiro?"
"Sim! Ela falou que o tio dela teve câncer e que brisadeiro aliviava os enjoos da quimio. Eu disse que nunca tinha comido e que provavelmente me deixaria paranoica, mas que estava com vontade de experimentar. Ela deixou o pote aqui. Vou comer mais alguns. Acha que devo parar?"
"Isso não está acontecendo", eu disse.
"O quê?", ela perguntou.
"Sou seu filho. Não posso indicar chocolates para minha mãe."
"Está certo. E como amigo?"
"Por que alguém da sua idade começaria a comer brisadeiro?"

✳

"Tédio", ela respondeu.
"Tá certo."
"Quer um?", ela me ofereceu.
"Claro que não, mãe!"
"QUE CAREEEEETA!", ela disse rindo.
Eu fui até a cozinha pegar água e, quando voltei, ela estava com o notebook aberto.
"O que você está fazendo?"
"Estou no Twitter. É o único lugar onde posso ser eu mesma. Às vezes, eu copio e colo coisas de outros sites ou escrevo coisas românticas só para ter a sensação de que estou falando com meu coração."
"Que bonito, mãe."
"Também bloqueio pessoas chatas!", falou rindo.
"E como você se sente fazendo isso?"
"No começo, eu me sentia mal. E então... depois de um tempo... percebi que as pessoas não estão nem aí."
"Entendi. E qual o seu Twitter?"
"Viuvaentendiada."
"E o que vai postar?"
"Não sei você, mas tenho tendência a falar demais. Eu queria contar como é delicioso esse brisadeiro."
"Mãe, por enquanto talvez seja melhor guardarmos algumas coisas entre nós. Eu postaria algo mais leve sobre filhos, ou bichos de estimação."
"Ok, CAAAREEETÃÃÃOOO! Sabe, filho, eu estou pensando... em quais são as leis sobre o que se pode ou não postar na internet. Depois que descobrir, vou atualizar meu perfil no Twitter: 'Eu sou uma dona de casa, viúva, que ama brisadeiro!'"
"Nós temos uma rebelde aqui!"
"Eu estou feliz e nem sei por quê", ela disse rindo.
"Eu sei!", respondi e demos gargalhadas.

No cemitério

PARA OUVIR ENQUANTO LÊ:
Beautiful & Brutal – Plested

"Ique, hoje fui ao cemitério e conheci uma pessoa. Ela estava ao lado do túmulo do seu pai. Meu Deus, nem morto esse homem para de causar ciúmes com as mulheres. 'Ei. Meu nome é Rose. E o seu?', ela perguntou sem graça."
"O cafajeste do meu marido não lhe disse meu nome?", respondi sorrindo.
"Não. Ele não fala nada. Deve ser tímido ou tem muito medo de você", ela respondeu e deu uma risada.
"Meu nome é Lu. O que é aquilo ali em cima?", perguntei.
"Está acontecendo um funeral", ela respondeu.
"Você conhecia a pessoa?", perguntei.
"Não. Eu também estou aqui para xingar meu marido", ela respondeu.
"O que ele fez?", perguntei.
"Vivo ou morto?", ela perguntou.
"Vivo", respondi rindo.
"Durante a vida, meu marido só se preocupava em viver. Ele passou vinte anos sem me dizer quanto tinha no banco", respondeu e ficou em silêncio.
"E o que ele fez morto?", perguntei.
"Ele me deixou com uma dívida, dois filhos e um cachorro muito bravo chamado Wolverine. E você? Qual a sua história?",

ela perguntou.

"Nós fomos casados por quarenta e seis anos. Em 2013 ele ficou doente e embora tenha lutado muito..."

"Sinto muito. Quantos anos ele tinha?"

"Sessenta e seis. E o seu?", perguntei.

"Oitenta quando faleceu. Semana que vem ele faria noventa."

"No final do ano, eu faria setenta", eu disse.

"Faria?", ela perguntou.

"Sim. Não devo chegar até lá. Tenho câncer. Para meus filhos eu digo que está tudo bem e que vou viver por muito tempo. Eu não tenho coragem de dizer que meu corpo está se entregando, que é um grande esforço para me levantar da cama, que eu nunca estive tão estressada, tão cansada de sorrir e fingir que está ensolarado. Acho que para um desconhecido eu posso dizer a verdade", eu disse.

"Eu sei exatamente como você está se sentindo", ela disse.

"Sabe?", perguntei.

"Sim. Eu tive câncer de mama. Eu escondia tudo do meu marido e principalmente dos meus filhos. Até que um dia meus exames vieram praticamente com um recado: 'Você está morta'. Então, eu decidi mudar as coisas. Resolvi reunir minha família e dizer tudo o que eu sentia."

"E o que aconteceu?", perguntei.

"Nós ficamos horas abraçados e chorando. Depois daquele dia, meus filhos começaram a me levar nas consultas. Meu marido ficava comigo na quimio. Alguns meses depois, meus exames melhoraram. Então, é isso o que eu posso dizer: quando você está doente, tem que deixar as pessoas que se importam com você a ajudarem."

"Eu estou feliz que tenha dito isso", respondi com um abraço apertado.

"Acho que vamos virar boas amigas, não acha?", ela perguntou sorrindo.

"Claro!", respondi.

Deixar partir

PARA OUVIR ENQUANTO LÊ:
Falling Like The Stars – James Arthur

Eu tive uma namorada.
O início do nosso relacionamento foi foda. Nos conhecemos em uma festa.
Ela estava dançando com uma amiga e eu, pulando sozinho como um idiota.
Ela me olhou e eu senti que já a conhecia. Nos aproximamos e conversamos.
Tinha tudo para dar errado.
Eu tinha acabado de terminar e ela tinha muito medo de amar.
Mas sei lá. Resolvemos arriscar. Vai que dá?
E deu. Deu vontade de ficar mais tempo juntos.
Ficávamos horas nos beijando e nos pegando.
Não tinha briga e nem cobrança de família. Era só alegria.
Eu não fazia ideia de que isso existia. Quem diria.
Ela me apresentou para as amigas.
Era o teste dela para saber se valia a pena me levar até a família.
Eu apresentei meus amigos.
Era o meu teste para saber se mesmo depois de conhecer tantos nerds juntos ela não me abandonaria.
Ela ficou bêbada e começou a cantar sua música favorita.

✳

Depois, ela foi pra casa dela e eu para a minha.
Mas tudo que eu queria era ficar com ela o resto da vida.
O meio do nosso relacionamento foi foda.
Um dia meu telefone tocou. Era minha mãe dizendo:
"Meu filho, seu pai finalmente descansou".
Meu coração parou e minha namorada me abraçou.
No velório, eu estava completamente fodido.
Até minha namorada sussurrar no meu ouvido: "Você não está sozinho".
Só quem perde um pai sabe como é importante ouvir isso.
Foi sem dúvida o "eu te amo" mais bonito.
Eu passei pelo luto e ela passou em um concurso.
Nós dois finalmente voltamos a sorrir juntos.
E fomos conhecer alguns lugares deste mundo.
O fim do nosso relacionamento foi foda. A gente parou de se encontrar todo dia.
Parecia que a gente não se conhecia. E começamos a viver cada um a sua própria vida.
Entramos nessa rotina. Trabalho, cansaço e encontros por acaso.
Estávamos sempre ocupados e vivendo uma vida juntos, mas separados.
Conversamos várias vezes. Melhorava por alguns meses.
Eu achei que tínhamos resolvido, mas, à noite, quando íamos para o quarto,
eu fingia que estava dormindo e ela chorava escondido.
Nosso relacionamento não tinha nada a ver com aquilo.
Eu me lembro de como era no início.
Todas as vezes que ela dormia comigo, acordava sorrindo.
Era algo bonito. Eu queria ter de volta aquilo. Mas nós estávamos perdidos.
Descobrimos isso em um domingo, quando terminamos o namoro que um dia foi lindo.
Foi muito difícil. Ficamos horas de mãos dadas sem dizer nenhuma palavra.
Nenhum dos dois tinha coragem de abrir a porta e ir embora.

Então eu fechei os olhos e depois de alguns minutos soltei a mão dela.
Mesmo de olhos fechados, eu sabia que ela ainda estava lá.
Porque eu sentia o cheiro dela em qualquer lugar.
Depois de alguns minutos, eu senti o cheiro sumir.
Foi então que eu abri os olhos e ela não estava mais ali.
Eu não consegui ver minha namorada sair.
A última imagem que guardei pra mim foi de nós dois de mãos dadas no fim.
Esse capítulo da minha história termina assim.
Eu a amei. Eu a amei muito.
Meus amigos me perguntavam se eu queria conversar sobre isso.
E a única coisa que eu conseguia dizer era:
"Eu só quero saber quando vai parar de doer".
Ninguém conseguia responder.
Então, eu não faço ideia do que vai acontecer a partir daqui.
Estou com tanto medo de ficar sozinho.
Mas, ao mesmo tempo, as lembranças me dão um alívio.
Porque eu fiz tudo o que eu podia.

Eu espero que todos vocês tenham um amor na vida
para que saibam como é querer salvá-lo todos os dias.
E como é possível deixar esse amor ir.

Foi isso que eu fiz. Eu nunca
desisti.
Eu apenas deixei minha namorada partir, para ela voltar a ser feliz.
E, quem sabe, alguns casais se identifiquem com a minha história
e eu possa mostrar para essas pessoas
que elas também merecem ser felizes agora.

Fantasias

PARA OUVIR ENQUANTO LÊ:
For You – My Sun and Stars e Tom Auton

"Oi! Vim ver minha amiga Luciene, que está internada no quarto 301."
"Dobre à direita, onde fica a ala de quimioterapia. É a segunda porta à esquerda."
"Obrigada."
"Ei, Lu!"
"Vânia? O que você está fazendo aqui?"
"Fui até sua casa e o porteiro disse que estaria aqui no hospital."
"Rose?"
"Ei, Lu!"
"Você também estava na minha casa?"
"Não. Eu vim buscar alguns exames e vi você entrando."
"Vânia, essa é a Rose, que paquerou meu marido no cemitério."
"Rose, essa é a Vânia, minha melhor amiga."
"Prazer."
"Prazer."
"Estou com sede", Vânia disse.
"Tem água, suco e café na lanchonete."
"Eu tenho uma garrafa de vodca na minha bolsa."
"Mas são nove horas da manhã! É meio cedo para beber."

"São dez horas da noite na Austrália."
"Como sabe?"
"Meu filho mora lá."
"Ah, que legal! Qual a idade dele?"
"Ele tem quarenta anos, mas tem aparência de trinta e age como se tivesse dezoito. Eu não mereço beber?"
"Sim. Me dê um gole também."
"Você também tem filhos?"
"Não. Tenho um ex-marido que me trocou por uma adolescente safada com seios grandes e jeitão de stripper."
"Duas doses para você. Não fiquem muito loucas, pois tecnicamente não podemos fazer isso aqui."
"Meu Deus!"
"O quê?"
"Quem é aquele homem no final do corredor?"
"Meu vizinho de quimio. Ontem ele levantou da cadeira sozinho e pegou um café em dois segundos. Foi muito sexy. Ele é muito bonito. Tem o nariz lindo, a testa grande…"
"Sei o que está passando nessa cabecinha suja. É o tipo que eu gostaria de levar pra casa e fazer doze mil indecências. Vodca me faz bem, me deixa meio adolescente."
"Rose, depois dos sessenta, o único homem que abriu minhas pernas foi meu ginecologista."
"Eu sei o que você está dizendo. Faz tanto tempo…"
"Não sinto saudade nenhuma."
"E eu estou com tanta vontade que me doem os ovários. Eu queria ver ele entrando na sessão de quimioterapia, com os remédios na mão, me jogando na mesa e me pegando por trás. Vocês também fantasiam com isso?"
"Não."
"Não."

Aniversário

PARA OUVIR ENQUANTO LÊ:
Drops of Jupiter (Tell Me) – Train

"Mãe, semana que vem é seu aniversário."
"Sim, eu sei, estou ficando mais velha e devagar. Obrigada por me lembrar, eu tinha esquecido. Sabe o que eu quero de aniversário?"
"O quê?"
"Um metabolismo acelerado."
"Mas, além disso, o que você quer fazer?"
"Não pensei em nada. Acho que nem quero comemorar. Não estou no clima. Se eu pudesse, pularia esse dia. Vamos encarar como um dia normal, nada de especial. Tudo bem?"
"Nada disso."
"Meu filho, você sabe que eu odeio surpresas. Odeio, principalmente, surpresas ruins. E você é o mestre em fazer isso. Lembra o ano passado? Quando você contratou um palhaço?"
"Claro! Foi muito engraçado! Você perguntou para o palhaço o que ele colocava debaixo da roupa para a barriga ficar grande daquele jeito. Ele respondeu: 'Nada! Essa barriga é minha! Por isso eu sou o Palhaço Barriguinha'. Você tinha de ver sua cara, mãe."
"Você pode fazer uma festa sem palhaços e só para os mais próximos", minha mãe disse.

"Deixa eu ver o dia da semana em que vai cair. Legal! Esse ano cai na sexta!"
"Espera, esta sexta?"
"Isso."

> "Essa não! Sabe o que tem na sexta?"
> "O quê?"
> "Último capítulo da novela. Isso é o que tem sexta! Eu não vou!"
> "Mãe, você não vai ao seu próprio aniversário?"
> "Não! O último capítulo é uma tradição. Não posso competir com esse tipo de coisa, de verdade."
> "Ok, vamos comemorar no sábado."

112

Um lema

PARA OUVIR ENQUANTO LÊ:
Fate Don't Know You – Desi Valentine

"Quero agradecer a presença dos novos e velhos amigos, meus filhos e, graças a Deus, nenhum ex-marido. Estou muito feliz por ver todos aqui no meu aniversário. Quero propor um brinde a vocês que dão sentido à minha vida. E sinto muito se este ano não fiz um bom trabalho demonstrando isso o suficiente. Um brinde!!!"
"Um brinde!!!"
"Essa festa só tem bebida. Estou morrendo de fome. Alguém pode por favor trazer comida?"
"Ai, mãe!"
"O que achou do meu bolo?"
"Muito bonito."
"Obrigada. Vi em uma revista e pensei: 'Posso fazer igual'."
"Não vejo as velas."
"Sem velas."
"Por quê?"
"Uma mulher nunca revela sua idade."
"Ok."
"Vamos colocar um palito para fazer o pedido."
"Apaguem as luzes, vamos cantar os parabéns."
"Parabéns, mãe!"
"Obrigada, meu filho."

✳

"Vamos, mãe! Sopre o palito e faça um pedido."
"Eu quero…"
"Não, não!"
"Se você contar, não irá se realizar."
"Eu pedi para me curar. Mas você tem razão, meu filho. Não irá se realizar. Não porque eu não guardei segredo, mas porque o câncer está me matando mesmo."
"Mãe…"
"Me deixe falar."
"Ok."
"Preciso contar umas coisas que irão chocá-los um pouco. A vida já me deu muita porrada. Já fui atropelada, maltratada, chutada, mas eu sempre lutei de cabeça erguida e dei a volta por cima. Dessa vez, posso ter encontrado um adversário que não posso vencer. Me sinto como se estivesse desaparecendo. Meus dedos não dobram. Meus joelhos não me aguentam. Minha cabeça não me deixa dormir. Cada dia é algo novo. Algo que nunca tive com que me preocupar. Não sei por quanto tempo consigo aguentar. Eu estou presa nessa doença. Eu tento ser otimista. Oh, Deus! Você sabe, a gente conversa todos os dias. E tento não ficar te questionando: 'Por que o Senhor fez isso comigo?'. Estou cansada. Tão cansada de sorrir para meus filhos e fingir que o dia está lindo e que vai ficar tudo bem comigo. Quando, na verdade, não é nada disso que eu sinto. Hoje eu peço: 'Senhor, se não pode me curar, então, me leve até seus braços para que eu possa descansar'."
"Mãe…"
"Me deixe terminar!"
"Ok."
"Como recompensa a esta confissão dolorosa… não me neguem o direito de comer esse bolo inteiro."
"Todos ficaram em silêncio."
"Terminou?"
"Sim."
Eu segurei a mão da minha mãe e disse: "Feche os olhos e pense na coisa que você mais quer na vida".

"Ok", ela disse fechando os olhos.
"O que você quer?"
"Eu quero me curar."
"Você tem que lutar pelo que quer."
"Não sei se tenho mais força. "
"Eu não estou pedindo mais força, estou pedindo um pouco mais de esperança."
"Não sei o que dizer."
"Diga que não vai desistir."

"Eu não vou desistir."
"E se acreditar nisso e se acreditarmos um no outro, você ficará bem. Então, daqui para a frente, esse será o nosso lema: 'Nunca desistir!'"
"Nunca desistir!"

Eu vou te esperar

PARA OUVIR ENQUANTO LÊ:
Rest of Our Lives – The Light the Heat

Eu vou te esperar
Eu sei como é difícil para você falar
Eu não posso imaginar tudo o que você passou.

As dores que enfrentou
As amizades que deixou
Os sonhos que conquistou para chegar até onde você chegou.

Eu vou te esperar
Eu sei como é difícil para você acreditar
Mas você me lembra o mundo e todas as suas maravilhas.

Você me lembra como podemos transformar uma coisa ruim em algo bonito,
que do outro lado do sacrifício está o paraíso.

Eu vou te esperar
Eu sei como é difícil para você confiar
Quando você voltar a abrir o coração, estarei aqui para segurar sua mão.
Se você precisa chorar

Se você precisa rir
Se você me chamar
Eu estarei aqui para te escutar.

**Eu vou te esperar
não importa quanto tempo vai demorar
ao seu lado eu quero ficar.**

Não desista

PARA OUVIR ENQUANTO LÊ:
Hard to Find – Cayson Renshaw

Eu e minha mãe estávamos dentro do carro conversando: "Ei, mãe, o que vai fazer hoje?".
"Sua tia me chamou para tomar cerveja na casa dela. Provavelmente, vamos falar sem parar até ficarmos bêbadas. E você?"
"Vou ficar em casa."
"Oh! achei que você estava saindo com alguém…"
"Eu estava, mas historicamente meus relacionamentos não vão muito bem."
"O que aconteceu?"
"O de sempre: a pessoa diz que não quer se envolver, fica com medo de se apaixonar e desaparece. Aí vou voltar pra casa agora e desentupir a privada do banheiro. Essa é minha vida aos trinta e nove anos. Você sabe como é?"
"Na verdade, não sei. Nunca levei o fora de ninguém."
"Nunca?"
"Nunca. Os garotos na escola se jogavam em cima de mim. Eu achava até cansativo."
"Mãe, você seria uma péssima psicóloga."
"Eu sei, fui um pouco insensível."
"Imagina…"
"Sabe o que seu pai diria?"

"O quê?"
"Ele diria que, quando uma coisa ruim acontece, você deve rapidamente fazer algo de bom para o universo."
"E por que eu faria isso?"
"Porque, independentemente de qualquer coisa, você nunca deve deixar de ser uma pessoa boa."
"Entendi."
"Seja mais gentil que o normal. No próximo cruzamento, dê sua vez para o próximo carro e avise com a mão."
Eu parei o carro, abri a janela e disse:
"Vá em frente! Pode entrar! Seja feliz!".
Dei um sorriso e acenei com mão.
Minha mãe começou a rir.
"Meu filho, você levou um fora. A vida vai te dar um outro encontro."
Chega uma mensagem no meu celular.
Minha mãe olha pra mim e diz, rindo:
"O universo não funciona tão rápido assim".
E realmente não era nada. Só a Vivo me oferecendo internet banda larga.
"Quem é a garota que não quer namorar?", ela perguntou.
"A Mari."
"Você gosta muito dela?"
"Muito!"
"Como sabe?"
"Na primeira vez que eu a vi, eu só precisei de uns cinco minutos para saber que queria vê-la de novo."
"Qual é o nosso lema?"
"Nunca desistir."
"Não desista dela."
"Mas, mãe, sempre que digo que gosto de uma pessoa, ela se assusta, surta e vai embora. Estou cansado disso."

"Não se veja como a pessoa que sempre leva o fora. Se veja como a pessoa que

nunca quer ir embora, que está sempre disposta a tentar e amar. E só uma pessoa intensa é capaz de fazer isso. Acreditar é fazer sempre o que o coração mandar."

Abra as janelas

PARA OUVIR ENQUANTO LÊ:
Sunday – Lawson Hull

Minha mãe entrou no meu quarto e se sentou na minha cama.
"Mãe, o que aconteceu?"
"Não é nada."
"Mãe, sempre que você aparece sem avisar é algo sério."
"Por que não se senta?"
"Por que as pessoas acham melhor receber notícias sentado?", perguntei me sentando ao lado dela.
"Ok, mãe. Acho que este é o momento em que digo: 'Vá em frente. Coloque para fora.'"
"Meu filho, os médicos me disseram que estou piorando."
"Não entendo, mãe. Ontem você estava sorrindo."
"Meu filho, nunca se sabe o que vai acontecer. Em um minuto você está feliz, saudável e tranquilo. Em seguida, está triste, doente e sem cabelo. Você pode perder qualquer coisa em um instante. Em segundos, tudo pode ser tirado de você. E é por esse motivo que precisamos ter um plano B."
"O que você quer fazer?"
"Eu não sei se quero continuar com a quimio, mas não posso decidir isso sozinha. Temos que fazer isso juntos. Eu, você e seu pai."

✳

Ela ajoelhou ao lado da cama, fechou os olhos e disse: "Amor, vou falar algo agora e você tem que me prometer que não vai ficar bravo comigo."
Ela fez uma pausa e disse: "Eu entrei no Tinder... Brincadeira! Mas, falando sério. Eu estou doente. Não sei se tenho a força que você teve para enfrentar tudo isso. Se você estivesse aqui, eu sei que me faria tomar os remédios e lutar. Mas você não está. Eu não sei se consigo fazer isso sem você. E, o pior de tudo, eu acho que nem quero mais ficar aqui sem você. Eu espero que saiba disso e que os médicos disseram que existe um medicamento experimental. Sendo realista, há noventa por cento de chance de não funcionar. E, mesmo se funcionar, minhas chances de sobreviver são menores que dez por cento."
Minha mãe ficou em silêncio.
"O que meu pai disse?"
"Calma. Não funciona assim. Às vezes demora."
"Ah. Deve ser o fuso horário do paraíso."
"Você está debochando, meu filho?"
"Não. Imagina."
"Eu sabia."
"Que era um deboche?"
"Não, eu sabia que seu pai responderia."
Ele disse:

> "Amor, desde quando nos importamos com as chances? Abra as janelas, coloque uma música e aproveite o sol enquanto você pode".

Minha mãe se levantou, abriu a janela e colocou uma música.
"O que é isso que está tocando?"
"Não sei. Minha neta estava ouvindo no meu celular."
"Deixa eu ver o que é... Taylor Swift, 'Shake It Off'. Nós temos uma rebelde aqui!", eu disse.

Minha mãe me puxou.
"O que você está fazendo?", perguntei.
"Esse pode ser o melhor dia de nossas vidas, mas também pode ser o último. Está chorando?"
"Não posso chorar ouvindo Taylor Swift!?", respondi.
"Sim, acho que você pode chorar. Mas nós deveríamos sorrir mais. Eu amo dançar. Simplesmente amo."
E ela começou a dançar sozinha.

Naquela noite, tudo que ela queria fazer era dançar e acreditar que amanhã ela teria uma nova chance para acordar e recomeçar.

Confissão

PARA OUVIR ENQUANTO LÊ:
Consolation Prize – Ken Yates e Katie Pruitt

"Ique?"
"Sim, padre."
"Você sabe que a missa só começa daqui a uma hora?", o padre perguntou.
"Eu sei."
"E está tudo bem?"
"Não, não está. Minha mãe está muito doente", respondi.
"Eu sei, sinto muito", ele disse.
"Hoje ela me perguntou como eu estava. Eu estou tentando disfarçar, mas sou péssimo nisso. Não queria estragar o dia dela. É a última coisa que quero fazer. Então, disse que estava tudo bem e fui até um psiquiatra."
"O que ele disse?", o padre perguntou.
"Ele disse que eu preciso aceitar a morte do meu pai e a doença da minha mãe."
"Só isso?"
"Ele também me deu uma receita de Alprazolam."
"Prático", disse o padre.
"Sim", respondi.
"E quanto custou isso?"
"Trezentos e vinte a hora."
"Uau!"

"Padre, posso confessar algo?", perguntei.
"Claro!"
"Eu tenho… tomado antidepressivos há um tempo. Eu me sinto muito mal por precisar de um remédio para ficar bem. Eu sei que é impossível ser feliz o tempo inteiro. Não é isso que estou pedindo. Eu só queria acordar sorrindo e ser feliz por um dia. Mas há essa… dor. E não sei de onde vem. Padre, se você estivesse depressivo, o que faria?"
"Olhe, se eu estivesse triste…"
"Não. Depressivo é diferente. Não é triste."
"Qual é a diferença?", o padre perguntou.
"Quando você está triste, você escuta música, lê um livro, vê um filme ou conversa com algum amigo e, por alguns minutos, a tristeza passa. Quando você está deprimido, não importa o que faça, você não consegue impedir que fique pior."
"Sinto muito", ele disse.
"Padre, você tem mais cinco minutos?", eu questionei e suspirei.
"Claro, meu filho."
"Antes de vir pra cá eu parei em uma livraria.
Me sentei e comecei a ler um dos meus livros favoritos: *Diário de uma paixão*.
Depois de umas vinte páginas, pensei:
'Meu Deus, como que alguém acredita nesse amor?'
Deveria ser crime escrever isso.
Fechei o livro e pedi um café.
Logo depois se sentou um casal de adolescentes na minha frente.
A menina colocou a mão por cima da mesa e logo em seguida o menino colocou a mão dele por cima da mão dela e os dedos dos dois se entrelaçaram. A menina abriu um sorriso muito lindo e tranquilo. Os dois tinham tanta química e a conversa desenrolava de uma maneira que parecia que eu tinha voltado para o livro. Eles completavam frases, tinham os mesmos gostos musicais, riam das piadas mais sem graças. A menina levantou e foi em direção

✳

ao banheiro. O menino não pegou o celular, ele ficou o tempo todo olhando pra frente e esperando a menina voltar. Ela voltou, se sentou e colocou a mão novamente na mesa. Logo em seguida, o menino colocou a mão dele em cima da mão dela. E novamente aquela menina abriu um sorriso lindo e tranquilo que me deixou com vontade de chorar. Nunca vi tanto carinho no olhar de alguém tão jovem.
Me levantei da mesa e pensei: 'Isso não aconteceu. Eu estou delirando. Preciso parar de ler esses livros e aumentar a dose dos meus remédios'.
Saí da livraria e, enquanto eu atravessava a rua, vi um casal da minha idade andando na mesma bicicleta. A mulher estava sentada se equilibrando no banco enquanto o cara pedalava, e os dois rindo da situação. Parecia início de relacionamento onde tudo é bobo, simples e mágico.
E agora, durante todo esse tempo que estamos conversando, não paro de olhar para aqueles dois velhinhos sentados ali na frente. Você os conhece, padre? São casados?"
"Sim, estão juntos há mais de cinquenta anos", ele respondeu.
"Porra. Meu Deus, perdão. Mas é foda. Meu Deus eu não estou conseguindo me expressar sem usar um palavrão. Ok. É brabo pensar que existem pessoas vivendo lindas histórias de amor por aí, por toda parte e idades, e eu sou o telespectador disso tudo, olhando de fora. Me dá uma sensação boa porque eu não estou alucinando, o amor realmente existe. Mas também me dá uma sensação ruim porque não tenho isso na minha vida.
Minha nossa, foi mal padre, precisava colocar pra fora."
"Posso dizer uma coisa, meu filho?", o padre perguntou.
"Claro."
"Eu sou seu amigo", ele disse.
"Obrigado, padre", respondi com os olhos cheios d'água.
Ele se levantou e foi para o altar.
Eu me levantei e, enquanto caminhava para a saída, o padre disse:

"A missa de hoje é sobre como Deus tem um plano incrível para cada um de nós. Ele sempre nos ajudará a passar por momentos difíceis, não importa o que aconteça ou onde você esteja, se você precisar Ele estará lá. E, às vezes é difícil de acreditar, mas vamos encher nossos corações de amor e fé porque eu tenho certeza de que Deus está em todo lugar e que nunca vai nos abandonar."
"Amém", eu disse baixinho com um sorriso coberto de lágrimas.
E pela primeira vez, por alguns minutos, não me senti depressivo nem sozinho.

Lutar ou fugir

PARA OUVIR ENQUANTO LÊ:
The Hardest Love – Dean Lewis

Acordei pela manhã, olhei para o celular e havia quinze chamadas não atendidas. De madrinha, tias e números desconhecidos. Mensagens em que estava escrito:

> Ique, venha para o hospital.

Meu coração disparou. Cheguei ao hospital em minutos. Vi pessoas que eu não esperava e minha madrinha veio falar comigo.

"O que aconteceu?", perguntei.

"Não quer se sentar?", ela perguntou.

"Eu sei que é grave."

"Como sabe?", ela perguntou.

"Nossa família está reunida e isso só acontece no Natal ou num funeral."

"Sua mãe teve uma parada cardíaca durante a noite", ela disse.

"Meu Deus!", falei e comecei a chorar.

"Calma, Ique, os médicos conseguiram reanimá-la. Ela só está fraca", minha madrinha me falou.

"O que o médico disse?", perguntei.

"Ele disse que o câncer é muito agressivo."

"Mas é muito mal? Em uma escala de um a dez, um sendo 'nunca'... e dez sendo 'acontece sempre'... quais as chances de cura?"

"Um."
"Não podem operar?"
"Não. Transplante nesse estágio e com a idade dela é impossível."
"Ique, sua mãe quer te ver", minha tia falou.
"Preciso me segurar para não chorar lá dentro."
Então, entrei no quarto. Minha mãe estava sorrindo para mim.
"Mãe, como está se sentindo?"
"Parece que tem alguém dando socos nas minhas costas", ela respondeu sorrindo e depois passou um tempo olhando pela janela.
"Lembrou de alguma coisa enquanto estava desacordada?", perguntei.
"Lembrei", ela respondeu.
"Mesmo? Você viu algo? Luzes brilhantes? O Chico Xavier?"
"Não", ela respondeu dando gargalhadas.
Ficamos um tempo em silêncio.
"O médico passou aqui mais cedo", ela disse.
"Tia Nona me falou…"
"Existem duas opções. Começar uma série de tratamentos três vezes por semana com injeções na barriga. O objetivo é tentar ganhar mais tempo. E não há garantias."
"E qual a outra opção?"
"Fingir que está tudo bem, voltar para casa e curtir um ano de vida ou dois."
"Mãe, você é uma pessoa boa e carinhosa. Não é justo você ter que passar por isso."
"Meu filho, não podemos entrar nessa de não ser justo. Não posso culpar Deus nem ninguém pelas coisas que acontecem. Não posso me culpar também. É só a vida que é capaz de lhe dar as maiores alegrias e também as maiores tristezas."
"É muito difícil não achar tudo isso injusto, mãe!"
"A vida é cheia de momentos difíceis. Então, escolha ver esses momentos como oportunidades para se fortalecer, em vez de fraquezas para derrubá-lo.

A morte do seu pai nos fortaleceu e esse câncer veio testar a nossa força.
E agora nós temos duas opções: lutar ou fugir. Eu não vou desistir. Esse é o nosso lema, não é? Vou lutar. Você vai me ajudar?"
"Claro, mãe! Não vamos desistir. Vamos lutar!"
"Eu só queria que meu pai estivesse aqui para nos ajudar."
"Ele está."
"Como você sabe?"

"Meu filho, eu nunca tive medo de morrer. O meu maior medo é nunca mais te ver. Hoje meu coração parou de bater e todos acharam que era o fim. E aqui está você, diante de mim. Alguém me deu a chance de te ver novamente. É a prova de que alguém está cuidando de mim e de você."

131

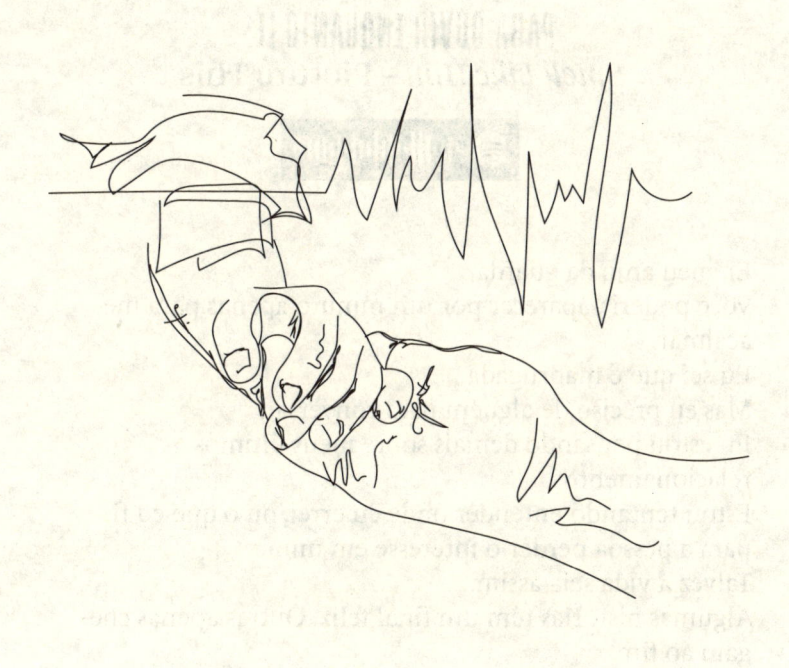

Anjo

PARA OUVIR ENQUANTO LÊ:
Smell Like Him – Picture This

Ei, meu anjo da guarda.
Você poderia aparecer por um minuto apenas para me acalmar.
Eu sei que é madrugada.
Mas eu preciso de alguém para conversar.
Eu estou pensando demais sobre meus últimos relacionamentos.
Estou tentando entender onde eu errei, ou o que eu fiz para a pessoa perder o interesse em mim.
Talvez a vida seja assim.
Algumas histórias têm um final feliz. Outras apenas chegam ao fim.
Tudo bem.
Aprendi que só preciso daqueles que gostam de mim.
A lista é curta, mas intensa.
Sei lá, mais vale um coração com algumas poucas pessoas boas do que um cheio de aparências e, na realidade, vazio.
Não é mesmo? Quando penso em todos os anos que me dediquei a uma relação,
passa pela minha cabeça: será que todo aquele tempo foi em vão?
Às vezes eu sinto que preciso fingir que está tudo bem.

Porque se eu não agir assim, parece que as pessoas vão se afastar de mim.
Não deveria ser tão difícil fazer as coisas boas durarem, ou as pessoas se apaixonarem.
Afinal, todo mundo está procurando alguém para amar.
Não é?
Vai parecer meio maluco o que vou falar,
mas, ao mesmo tempo que existe essa vontade de encontrar,
vem o medo de se entregar.
Eu sei, meu anjo. É uma grande confusão.
O coração grita "sim". A cabeça diz "não".
De um lado, existe uma voz dentro da sua mente dizendo sempre que você não é suficiente.
Do outro lado, uma força que te faz acreditar que dessa vez vai ser diferente.
Uma voz dizendo repetidamente: siga em frente.
Não importa se vai dar certo ou errado.
É muito bom ter alguém ao seu lado.
É tão bom sentir isso tudo, que passamos grande parte da vida procurando uma pessoa neste mundo.
Passamos tanto tempo procurando que nos esquecemos que também podemos ser encontrados e, finalmente, amados.
Meu anjo, obrigado por ter me escutado.
Eu sei que ainda tenho um longo caminho para percorrer e que o amor verdadeiro leva um tempo para aparecer.

> **Eu sei que ainda tenho um longo caminho para atravessar,**
> **então, você pode me emprestar suas asas para eu voar até o lugar onde o meu novo amor está?**

Realizando o impossível

PARA OUVIR ENQUANTO LÊ:
London's Song – Matt Hartke

"Ei, mãe, adivinha? Hora de levantar! Eu comprei um bolo de comemoração: 'Você não está mais no hospital!'"
"Ei, filho. Me ajude a levantar."
"Claro."
Caminhamos até a mesa. Ela abriu o notebook.
"Vai entrar no Twitter?", perguntei rindo.
"Não. Vou escrever algo pra você. Um guia de sobrevivência para todos os filhos de trinta e nove anos que levam suas roupas para a mãe lavar. E vai começar assim: 'Ei, filho. Ultimamente tenho pensado nas últimas coisas que fiz…'. Meu Deus!", ela falou de repente assustada.
"O que foi, mãe?", perguntei.
"Eu sempre me perguntei como seria ir ao médico e escutar que estou doente. Como lidaria e o que sentiria. E depois que eu escutei: 'Você tem câncer', comecei a pensar em todas as coisas que eu fiz na vida. E todas as vezes que eu fecho os olhos, eu penso nas coisas que poderia ter feito e não fiz."
"Que coisas?"
"Colocar silicone."
"E o que mais? Algo menos físico agora."
"Nunca fiz uma viagem sozinha. Me assusta a ideia de morrer

sem nunca ter saído do Brasil. Eu nunca acordei na casa de um desconhecido. Eu beijei poucos homens na minha vida. Eu nunca fiz uma tatuagem. Nunca fui em uma boate de swing. Nunca paquerei na internet. Talvez eu tenha um lado que nunca tive a chance de conhecer. Talvez eu não queira ser só a mãe que casou virgem aos vinte anos e ficou viúva. Talvez eu queira viver a vida de outra maneira. Conhecer gente nova e sair para dançar à noite."
"Ok, mãe. Nessa sua versão rebelde de si mesma você seria a Taylor Swift ou a Selena Gomez?"
"Quem são essas pessoas?"
"Sua neta vai te apresentar."
"Eu sou uma boba."
"Por quê?"
"Sou a viúva com câncer, lembra? Isso me tira qualquer possibilidade de realizar essas coisas ou sonhar."
"Mãe, não deixe algo bom desaparecer sem lutar. Só há sentido na vida com luta. Eu lembro que você disse isso ao meu pai quando ele descobriu que estava doente."
"É isso, meu filho. Enquanto seu pai viveu, até seu último suspiro ele me mostrou que nada estava perdido. A porcaria deste câncer vai tentar me tirar tudo, mas nunca vai conseguir tirar minha esperança.

Não vou simplesmente desistir. Sabe... nossos corações foram feitos para realizar o impossível. E nunca vou deixar de acreditar nisso."

Mensagem enviada

PARA OUVIR ENQUANTO LÊ:
All is Well – Austin Basham

São oito da noite, eu a vejo online e escrevo uma mensagem:
Estou com saudade. Queria te ver.
Apago rápido. É patético, eu sei.
Estou apaixonado e tudo que eu faço é esconder o que sinto.
Eu posso ouvir tão claramente todas as palavras que gostaria de ter dito.
Talvez, um dia, eu envie isto:
Poderíamos ter um dia só eu e você.
Poderíamos ficar acordados até tarde e assistir à TV.
Não precisamos ver o filme. Poderíamos ficar só abraçados, olhando um para o outro até cair no sono.
E, quando acordarmos, não precisamos ter grandes planos.
Podemos nos levantar e andar pelo bairro de mãos dadas.
Não precisamos dizer nada, ou podemos compartilhar segredos
que prometemos nunca contar.
Eu não sei o que você vai me dizer, mas eu realmente gosto de você.
Espero que você saiba
que toda vez que eu pedir pra você me avisar que chegou bem em casa,

toda vez que eu enviar uma mensagem de bom-dia ou durma bem, o que estou realmente dizendo é que eu te amo.
Eu precisava tirar isso do meu peito para voltar a respirar.
Eu tentei esconder em algum momento, tive que tentar.
Mas eu logo percebi que não posso te esquecer.
Quero ser alguém com quem você possa envelhecer.
Eu não queria dizer isso por mensagem.
Eu só disse porque é verdade.
Quero te ver.
Estou com saudade.
(mensagem enviada)

Sem roteiro

PARA OUVIR ENQUANTO LÊ:
Hurt – Lady A

"Já está filmando?"
"Sim."
"Só vou fazer isso uma vez, então mantenha no foco."
"Tudo bem. Certo, está enquadrado."
"Minha neta. Quando assistir a esse vídeo, já terei partido por causa dessa doença idiota. Eu estou feliz. Eu não poderia imaginar uma despedida mais adorável. Sei que você deve estar um pouco triste. Por isso, resolvi deixar alguns vídeos para tentar fazer você sorrir de novo.
Não se aprende tudo na escola, sabe? Você pode aprender muitas coisas fora da escola. E nunca se é velha demais para aprender algo. Eu mesma aprendi muito com você. Você me ensinou a economizar bateria do celular e a tuitar. Agora é minha vez de ensinar algumas coisas que aprendi ao longo dessa vida. Eu esqueci o que eu ia falar…"
"Quer parar e fazer um roteiro, mãe?"
"Roteiro? Pra quê? Eu não vou estar aqui! Posso falar o que eu quiser e ninguém vai poder me criticar."
"Ah, sim. Então…"
"Ao longo da vida vão te dizer que dormir pouco, que não tomar café da manhã, que excesso de açúcar e gordura fazem mal pro seu corpo. Bobagem! O que faz mal mesmo

pra saúde é um coração partido. A partir de agora, tome cuidado com o sexo."
"Mãe..."
"O quê?"
"Sério?"
"As pessoas fantasiam como será a primeira vez. Não é igual aos filmes. Filmes não são reais. E, infelizmente, a vida real é bem diferente dos romances. A realidade é que no começo ninguém sabe o que fazer com as mãos, línguas e dedos. Minha primeira vez, se fosse um filme, chamaria: Salve-se quem puder. Entende o que eu digo? Essa é a verdade. A primeira vez dói um pouco. Não fique nervosa quanto a isso. Não há regras para escolher quem será o primeiro. Mas, se eu pudesse lhe dar um conselho sobre a sua primeira vez, não faça no carro e escolha um homem novo. Mas não crie muitas expectativas, meninos agem rápido e não conseguem segurar. Seu tio Ique já passou por isso e pode confirmar."
"MÃE!!"
"Enfim, no final vocês dois vão chorar. Ah! Usem camisinha e, caso você escolha uma menina, procure sua tia Virginia. Ela adora beber tequila e beijar mulheres desconhecidas. Ela terá excelentes dicas. Ao longo da vida você irá conhecer vários homens. Preste muita atenção no que eu vou falar: Os pássaros da mesma pena voam juntos. Se os amigos dele têm integridade questionável, ele também terá. Além disso, veja quem ele admira – isso diz muito sobre o tipo de homem que ele é.
Se algum dia você pensar em casar, tenha isso em mente: Se você escolher alguém com valores diferentes dos seus, sua vida toda será uma batalha. Seja inteligente e procure alguém parecido com você, quanto mais igual, melhor. Se você precisa de emoção, pule de um avião. Sério, algo que machuca muito é se apaixonar por alguém e depois descobrir que essa pessoa não compartilha sua visão do futuro. Antes de se envolver completamente, compartilhe seus valores e objetivos comuns. Isso não significa só decidir se

vão ter filhos ou não, política ou religião.
É importante você falar também sobre seus gostos pessoais, por exemplo, se viajar é muito importante para você, ou se seus objetivos incluem independência financeira, morar perto da família, comprar um sítio ou priorizar sua carreira.
É absolutamente crucial escolher um parceiro que valorize as experiências que você valoriza. Tudo isso deve ser dito antes do casamento, para que os dois possam viver em harmonia e estabeleçam um compromisso, não um sacrifício.
E, se tudo der errado, procure seu tio Ique. Ele tem muita experiência nesses casos.
Bom, agora eu preciso ir para a quimioterapia.
Eu não sei quando você verá esse vídeo.

Mas, se eu pudesse deixar um último conselho, seria: 'Ninguém acerta na primeira tentativa'. Então, nunca desista e continue procurando todos os dias a alegria da sua vida."

Jogos

PARA OUVIR ENQUANTO LÊ:
Give & Take – John Marc

Eu peguei meu celular e liguei para a Mari:
"Ei!"
"Ei, esquisito que telefona!"
"Vamos sair hoje?"
"Podemos. Mas eu tenho que encontrar minha família."
"Que horas nós vamos?"
"Encontrar minha família?", ela brincou.
"O que disse?"
"Eu?"
"O que você falou?", eu perguntei, confuso.
"Não falei nada."
"Você quer que eu conheça sua família? Mas a gente nem tá namorando…"
"É isso que acha?", ela perguntou.
"Não exatamente. Não sei em que categoria nós…", respondi.
"Sabe o que eu odeio?"
"O quê?", perguntei.
"Tudo tem regra pra caralho", ela confessou.
"Verdade!", eu disse.
"'Não se apegue!'; 'Não demonstre sentimentos'; 'Demore três dias para aparecer'; 'Nada de mensagens de bom-dia'.

✴

Estamos nos matando para ser desapegados. Aonde acha que vamos chegar se continuarmos assim? Vamos envelhecer de mal com a vida e sem companhia. E isso vai deixar todo mundo louco! Eu não quero isso", ela disse.
"Nem eu! Por que as pessoas não são sinceras? Por que estamos todos com tanto medo de dizer algo real?", perguntei.
"Não sei. A gente pode jogar um jogo que inventei agora e que se chama: 'Qual a coisa mais sincera você me diria?'", ela propôs.
"Ok."
"Quem começa?", ela quis saber.
"Espere. Como funciona o jogo?", perguntei.
"Um pergunta e o outro responde com a verdade nua e crua", ela explicou.
"Tá bom, eu começo. Qual foi a primeira coisa que pensou quando me viu?", falei.
"Não imaginei que iria gostar de você e nem que iria te ver de novo. E você?"
"Eu pensei: 'Que garota linda'", confessei.
"Meu Deus. Não lavei o cabelo naquele dia. Nem estava com uma gota de maquiagem. Talvez um pouco de corretivo, mas só. Você acredita em céu e inferno?"
"Olha, se há um paraíso, eu espero entrar nele, mas provavelmente não irei."
"Por quê?", ela questionou.
"Ah, sei lá! Estou longe de merecer. Não que eu mereça o inferno, né…"
"Ique, ninguém merece o céu!"
"Ok. Então se o céu não me quiser, você iria comigo para o inferno?"
"Tá LOUCO? Deus me livre!"
"Agora eu que inventei um jogo. Chama-se: 'Qual superpoder você gostaria de ter?'"
"Eu começo. Queria muito voar. E você?", ela perguntou.
"Ter visão de raio X", respondi.

"O que você ia fazer com isso?"
"Eu ia conseguir ver e matar as células cancerígenas que estão no corpo da minha mãe e salvar ela e todas as pessoas que estão com essa doença."
"Ique..."
"Podemos voltar para o seu jogo?", perguntei.
"Tudo bem", ela respondeu.
"Se hoje fosse nosso último dia, o que você me diria?", perguntei.
"Você quer conhecer minha família?"
"Sim."
"E você? O que me diria?"
"Que você ainda me faz querer aproveitar a vida."
Não dissemos mais nada. Foi um daqueles momentos em que o silêncio entre duas pessoas pode ter a pureza e a ingenuidade da felicidade.
É verdade.
Não existe uma equação, nem uma fórmula mágica para a eternidade.
E, à medida que o tempo passa, devemos sempre acreditar que talvez hoje possa ser nossa última parada. Que talvez a próxima pessoa que aparecer não te surpreenda logo de cara, mas talvez te mostre algo bonito o suficiente para te inspirar a ficar e amar.

Sem empecilhos

PARA OUVIR ENQUANTO LÊ:
Another Minute with You – Ryan McMullan

"Oi, mãe! Não me diga que a acordei."
"Não! Estou acordada faz tempo."
"Você está bem?"
"Estou um pouco cansada e com um pouco de dificuldade de levantar.
Você pode me buscar um copo d'água?"
"Claro", respondi.
Quando voltei, ela me perguntou:
"O que vai fazer hoje?"
"Vou chamar a Mari para sair e, se eu tiver coragem, vou pedir para namorar."
"As pessoas ainda pedem para namorar?"
"Não", respondi.
"Imaginei. Já que vai fazer isso, tente não dizer coisas muito estranhas."
"Eu tento."
"Você sempre faz umas coisas estranhas."
"Eu sei."
"O que você está pensando em fazer?"
"Eu pensei em chamá-la para jantar e depois dançar, igual você e meu pai faziam para comemorar o aniversário de casamento."

"Seu pai ficaria orgulhoso de você."
"Só tem um problema", eu disse.
"Qual?"
"Eu não sei dançar."
"Bem, isso é fácil. Você não terá problemas."
"O que você está fazendo, mãe?"
"Estou me levantando para te ensinar a dançar."
"Mãe, você está muito fraca."
"Venha cá. Coloque sua mão nas minhas costas."
"Assim?"
"Isso."
"Ok."
"Agora coloque a outra mão no meu ombro. Frente, trás e pisa. O segredo é parecer que sabe o que faz."
"Mas eu não sei."
"Eu guio você. Você odeia não saber o que vai acontecer, não é?"
"Sim, odeio."
"Vamos ter que vencer esse empecilho."
"'Empecilho' ou 'impecilho'?"
"Empecilho."
"Tem certeza?"
"Não. Agora relaxa o quadril."
"Assim?"
"Agora, só se mexe. Está vendo? Olha, essa é a melhor parte. Balance para a frente e para trás. Agora coloque sua mão na minha cintura."
"Sério?"
"Ela não vai ficar brava com você."
"Como sabe?"
"Confiança, meu filho", ela respondeu com um sorriso.
E naquele dia eu aprendi a dançar e ganhei mais um enigma para decifrar.

Quer namorar comigo?

PARA OUVIR ENQUANTO LÊ:
Clean – Travis Atreo

Era uma noite fria de domingo, quando meu celular vibrou com uma mensagem:
    Ei, Ique! Como sua mãe está?
Era a Mari perguntando.
    Ei, Mari! Ela está bem e já voltou pra casa.
    E você? Como está?
    Aguentando.
    Quer conversar?
    Eu preciso te contar uma coisa.
    Pode falar.
    Minha mãe sempre me disse: "Nunca diga coisas de barriga vazia". Então, podemos sair para jantar?
    kkkkkkkk podemos

Naquela noite, fomos em um pub. Depois de uma hora em que estávamos jantando, Mari me falou:
"Ique, a gente já passou pela entrada, bebidas, prato principal e até sobremesa você comeu. E durante esse período todo você só disse três coisas."
"Que coisas?"
"'Ahã', 'pode ser' e 'obrigado'."
"Tudo bem. Não sou bom nessas coisas. É que antes de começar o que eu quero mesmo dizer, só quero te dar

um aviso de que estou prestes a falar algumas coisas bem clichês."

"Você fica fofo quando fica nervoso."

"Obrigado. Então, eu... sabe... eu..."

"Desembucha, homem!"

"Eu estou apaixonado por você."

"Está falando sério?"

"Sim."

"Puta merda! Desculpe o palavrão, mas... achei que teríamos outro tipo de conversa."

"Eu estou apaixonado por você!"

"Para de repetir isso."

"Não! Nada vai me impedir que eu diga de novo, porque eu quero dizer há muito tempo!"

"Não sei. Só tem um mês e meio que estamos saindo. Você tem certeza de que não é cedo demais?"

"O mundo e suas regras bobas. Sabe, o tempo significa tão pouco quando alguém significa tanto, se você é apaixonado por alguém, o tempo não significa nada. Alguns casais ficam anos juntos e morrem sem se conhecer. Outros se conhecem em dois meses."

"Um mês e meio, nesse caso", ela disse.

"Espera", eu pedi.

"O que vai fazer?"

"Nos filmes, quando o cara se declara para a garota, há sempre uma música de 'eu gosto de você'."

Eu me levantei da cadeira.

"Aonde você está indo?"

"Vou até a banda pedir para eles tocarem uma música."

"Volta aqui, esquisito!"

Eu fui até a banda e, alguns minutos depois, voltei para a mesa.

O vocalista disse, apontando para a gente: "Essa música é para meu amigo Ique e para sua garota Mari".

"Como você conseguiu isso?"

"O vocalista é meu amigo de colégio", respondi. "Essa é minha música de 'eu gosto de você'."

✴

"Ai que vergonha! Tá todo mundo olhando pra gente."
"Quer dançar comigo?", perguntei.
"Meu Deus, você é tão brega!", disse rindo.
"Todos os grandes gestos românticos têm um começo ridículo."
Segurei a mão dela e ela se levantou. Segurei a cintura dela lentamente e disse:
"As pessoas não dançam juntinho tanto quanto deveriam", e a puxei bem pertinho de mim. Ela sorriu e perguntou:
"Onde aprendeu tudo isso?"
"Meus pais passaram quarenta e cinco anos comemorando o aniversário de casamento dançando. Depois que meu pai morreu, minha mãe me ensinou um passo ou outro."
"Eu quero um amor como o do seus pais", ela disse.
"Eu quero você", eu disse.
"Ique..."
"Você quer namorar comigo?", perguntei.
"Sim. Mas não me pergunte mais nada, nem me diga que vamos ter um filho e uma filha, e viver felizes para sempre."
"Ok", respondi sorrindo.
"Que sorriso é esse?", ela perguntou.
"Sorriso de... ah! sei lá, me avise quando eu puder te beijar de novo."
"Agora", ela disse.
"Ai, que vergonha! Tá todo mundo olhando pra gente!", eu disse ironicamente.
"Idiota!", ela disse e nos beijamos.
E eu a segurei bem perto de mim, ouvindo a música e sua respiração.
E eu só desejei do fundo do meu coração poder fazer o tempo parar.
Então, eu me certifiquei de lembrar de cada mínimo detalhe daquela noite.

Porque eu sei que a vida passa muito rápido.
E que qualquer dia pode ser o último.

Você ainda é aquela

PARA OUVIR ENQUANTO LÊ:
Universe – Hudson Moore

Eu me lembro da primeira vez que te vi.
Já se passaram tantos anos e você ainda me faz sorrir.

Eu me lembro da primeira vez que você me tocou.
E, mesmo depois de tanto tempo, eu ainda sinto amor.

Eu penso em tudo isso quando fecho meus olhos para dormir.
Não foi fácil chegar até aqui.

Quantas vezes o mundo disse: "Aposto que não vão conseguir".
Mas olhe o que está acontecendo. Estamos juntos e envelhecendo.

Esse era o plano, não é mesmo?
Parece que conseguimos vencer o tempo.

Você ainda é aquela à qual eu pertenço.
Aquela que transforma a escuridão em uma luz de gratidão.

✳

Você ainda é aquela que transmuta minha fraqueza em fortaleza,
que enche meu coração de alegria e leva embora toda minha tristeza.

**Nunca vai existir alguém igual, alguém que faz minha loucura parecer normal.
E torna qualquer momento especial.**

Você ainda é aquela que fica mais forte a cada dia que passa.
Que transforma uma casa em lar e me dá razões para acreditar.
Em quem posso confiar e amar.

Você ainda é aquela garota que eu conheci.
E que, desde o primeiro dia em que vi,
senti que era perfeita pra mim.

Que bom te ver

PARA OUVIR ENQUANTO LÊ:
Tell Me – Hunter Hayes

O relógio marcava três horas da manhã quando me levantei,
ajoelhei ao lado da cama e disse:
Ei, pai.
Eu acabei de te ver no meu sonho.
Você apareceu no meio de tanta gente e desapareceu tão de repente.
Faz cinco anos que você partiu e foi a primeira vez que eu te vi desde o nosso último adeus.
Hoje em dia, muita coisa mudou.
Eu vendi a nossa casa e adotei um cachorro.
O nome dele é Max.
Ele é o cão mais adorável do universo.
Às vezes, olho pra ele e vejo você. Eu nunca contei isso pra ninguém.
Espero que você não pense que sou louco.
Uma vez você me disse:
Cada um de nós tem uma estrela, tudo que precisamos fazer é encontrá-la.
Pai, a minha estrela sempre foi você.
Desde que você partiu, eu olho para o céu e fico procurando qual delas é você.

✳

Eu sei que estou sozinho agora, mas eu realmente gostaria de ter essa resposta.
Você poderia me dizer o que é real?
Eu adoraria saber se ainda posso contar com você.
Eu tento tanto fazer tudo tão certo, mas às vezes sai tudo errado.
Ah, sinto tanta falta dos seus conselhos!
Desde que você partiu, o mundo não é mais o mesmo.
Minha mãe ficou doente e um vírus aconteceu.
Milhares de pessoas morreram e sonhos desapareceram.
Eu, minha mãe e o resto do planeta sofremos.

Apesar de toda dor, eu ainda acredito que podemos transformar o mundo em um lugar bonito.
Eu ainda acredito que em cada um de nós brilha a luz do amor.

Foi isso que você me ensinou, pai.
Meu olho está fechando e minha voz está embolando.
Nem sei como você está entendendo o que estou falando.
Vou voltar pra cama. Eu queria fechar os olhos
e voltar para aquele sonho em que eu e você estávamos juntos.
Eu não sei como fazer isso. Então, vou deixar minha janela bem aberta
e torcer para você aparecer de vez em quando,
ou talvez eu te veja daqui alguns anos.
Até isso acontecer, foi bom te ver.
Eu amo você.

Se essa for a última vez

PARA OUVIR ENQUANTO LÊ:
You Feel Like Home – Hills x Hills

Ei, filho.
Ultimamente tenho pensado nas últimas coisas que fiz.
A última vez
que chorei de rir,
que chorei de dor,
que tomei um porre com uma amiga,
que vi o pôr do sol.
Tantas coisas que duraram minutos.
Tantas coisas em que nunca prestei atenção na hora.
A vida está voando e só estou percebendo agora.
Um dia, vou comer minha última refeição,
cheirar minha última flor, abraçar meu filho pela última vez.
Um dia, vamos ter nossa última conversa.
Espero que não seja, mas, se esta for a última vez,
me desculpe pelas brigas, pelas ameaças
de que se você não tomasse banho nunca mais iria comer doce,
por dizer que, se não dormisse cedo, o bicho-papão iria te buscar à noite.
Me desculpe por essas noites maldormidas,
e por querer você perto de mim todos os dias. Às vezes sou

um pouco egoísta e tenho dificuldade em compartilhar a pessoa que eu mais amo na vida.
Me desculpe por pedir para você fazer um curso que você não queria
e por ter faltado em algumas quimioterapias.
Eu não me orgulho disso nem de outras coisas que fiz.
Mas, se eu pudesse voltar no tempo, eu faria tudo de novo.
Você me conhece. Essa sou eu.
Mas cada um tem que encontrar seu próprio caminho.
Não repita meus erros.
Não desperdice mais um minuto da sua vida.
Um dia todos vamos morrer.

> **Se não podemos viver para sempre, então vamos aproveitar melhor os momentos.**
> **Vá passear de mãos dadas e dar beijos sentado no sofá.**
> **Se não podemos viver para sempre, vamos rir até a gente chorar.**
> **Ou talvez tentar algo novo.**

Como dançar e cantar na frente de uma fogueira.
Nadar pelado em uma cachoeira.
Adotar todos os cachorros de rua
e enchê-los de amor.
Eu estou sorrindo.
por favor, escute com atenção,
Eu não quero chorar, eu não sei dizer adeus.
Eu odeio a ideia de não te ver novamente.
Espero que não seja, mas, se esta for a última vez,
quero que saiba que quando você se sentir sozinho,
feche os olhos e converse comigo.
Eu não sei se você vai me escutar,

mas eu prometo que você vai sentir minha presença ao seu lado.
Fique tranquilo, vou aparecer da forma menos assustadora possível.
Eu sei. É incrível o que uma mãe é capaz de fazer para proteger seu filho.
Eu estou feliz.
Espero que não seja, mas, se esta for a última vez,
não se transforme em algo que você não é para agradar alguém que você não precisa.
Se não pararmos e redescobrirmos quem somos, o que gostamos e o que nos motiva, inevitavelmente correremos para qualquer relacionamento para preencher a falsa ideia de que precisamos de alguém para nos completar.

> **Ninguém nos completa.**
> **Já somos completos.**

Eu sou completa e você também é.
Espero que não seja, mas se esta for a última vez,
por favor, escute com atenção,
O que quer que você faça
Aonde quer que esteja
Meu amor te seguirá
Ficará ao seu lado
E você nunca estará sozinho
Não importa a hora, o lugar, perto ou longe
Na tristeza ou na diversão
Eu vou sempre te amar
Porque você é um pedaço do meu coração.
Ei, filho, adivinha?
Eu não sei dizer adeus, então isso não é uma despedida,
e sim um até logo.

> *Com todo meu amor,*
> *Sua mãe e amiga.*

P.S.: Meu filho, ajude as pessoas. Você é bom nisso. E me faça um favor: aproveite os pequenos momentos de alegria. São eles que tornam a vida bonita.

O último conselho

PARA OUVIR ENQUANTO LÊ:
Could It Be Any Harder – The Calling

"Ei, mãe. O que você está fazendo?"
"São onze horas da noite de uma sexta-feira, o que você acha que uma pessoa de sessenta anos estaria fazendo?"
"Jogando bingo?"
"Não, dormindo."
"Eu gostaria de conversar com você."
"Não pode ser amanhã?"
"Eu vou me casar."
"O que é que você disse?"
"Eu vou me casar."
"Dessa vez é sério?"
"Na verdade..."
"Ah, meu Deus, vai começar tudo de novo."
"Calma, estou indo buscar a Mari e vou pedi-la em casamento."
"Eu e seu pai estamos torcendo por vocês."
"Não consigo."
"O quê?"
"Pegar a chave do carro e ir."
"Meu filho..."
"O quê?"
"Se você tivesse uma chance, uma oportunidade única para

agarrar tudo que sempre quis, você pegaria ou deixaria escapar?"

"Forte, mãe. Foi meu pai quem escreveu isso?"

"Não. Foi o Eminem, um cantor de que a Helena gosta.
É isso. Se você sente que ela é a pessoa certa, vê um futuro com ela e te faz feliz, então vá em frente."

"Estou indo. Algum último conselho?"

"Se quer ser um bom marido, você precisa colocar as necessidades dela à frente das suas. Porque, no final do dia, vocês são um time. A felicidade dela é a sua felicidade.
Perdoe e esqueça as pequenas coisas, faça caminhadas, dê as mãos, diga 'eu te amo' e faça isso com frequência.
Você adicionará mais pequenas coisas ao longo dos anos.
Torne o amor de vocês simples e especial.
Eu e seu pai estamos muito felizes por sua decisão."

"Mãe, e se ela disser não?"

"Meu Deus! Você não aprendeu nada até aqui?
Se não acontecer, e daí?
Você é incrível e vai ser feliz."

Ela não disse como eu faria isso ou por que ela acredita nisso, mas foi o suficiente para mim.

"Obrigado, mãe. Por nunca me deixar esquecer o quão incrível eu realmente sou. Espero que saiba que você é ainda mais incrível do que eu."

O pedido

PARA OUVIR ENQUANTO LÊ:
Easy On Me – Adele

Liguei para a Mari.
"Ei!"
"Ei, Ique."
"Onde você está?", perguntei.
"Na casa da minha irmã, e você?", ela questionou.
"Estou indo te buscar."
"Para onde vamos?", ela perguntou.
"Para um lugar aonde nunca fomos", respondi.
Cheguei na porta da casa da irmã dela.
Parei e fiquei do lado de fora do carro.
Ela apareceu e eu fiquei olhando aquela linda menina bem sardentinha.
Aquelas sardas em seu rosto
pareciam milhões de estrelas.
Ela caminhou com seu par de olhos puros e castanhos,
pele delicada
e os cabelos tão escuros como a noite.
Ela parou na minha frente e eu disse:
"Coisa linda".

Nos beijamos lentamente e o mundo
ficou quieto.
E todas as árvores balançavam
suavemente
dentro daquele silêncio que
compartilhávamos.

Depois entramos no carro.
No meio do caminho, ela perguntou:
"Ique, até hoje não temos uma música. Vamos escolher uma?"
"Não podemos", respondi.
"Por quê?"
"A gente não pode escolher uma música. É a música que escolhe a gente."
Eu liguei o rádio e parei o carro.
"O que estamos fazendo na porta da casa dos meus pais?"
"Eu vim buscar uma coisa que estou procurando a vida toda", disse e saí.
"Vai deixar o carro ligado? O que é isso, seu louco, volta aqui", ela disse e saiu.
Paramos ao lado do carro. Ela olhou o relógio e gritou:
"Ah! Passou de meia-noite, hoje já é seu aniversário! Parabéns!"
"O que você acha que vai ganhar neste ano?", ela perguntou.
"O melhor presente que a vida poderia me dar ela já me deu", respondi.
"E qual é?", ela perguntou.
Me ajoelhei e disse: "Você".
"Ique, o que você está fazendo?"
"Aqui, na porta da casa dos seus pais, foi o primeiro lugar em que a gente se encontrou.
Aqui foi onde nosso amor começou.
Eu sei como você ama seus pais, sua família e o que essa casa significa.

✳

Eu queria que aqui também fosse o início de um amor para o resto da vida.
Quer se casar comigo?", finalizei.
"Sim!", ela respondeu em lágrimas.
"Está aceitando por que seu psicólogo mandou você fazer algo que nunca faria?", disse com cara de deboche.
"Não! Idiota!", respondeu com um sorriso.
Eu me levantei e disse baixinho no ouvido dela:
"Você me inspira".
No rádio, começou a tocar Adele, "Easy on me".
Nos abraçamos e começamos a dançar na calçada.
A música nos escolheu.
E o amor, venceu.

Meus votos de casamento

PARA OUVIR ENQUANTO LÊ:
You Are The Reason – Calum Scott

Mari, coisa linda.
Aqui estamos nós.
Todo mundo aqui sabe.
Eu sou escritor.
Mas hoje vou contar uma história que ninguém sabe.
Eu e meu pai sempre discutimos sobre a existência ou não de Deus.
Todo mundo aqui sabe.
Em 2013, meu pai recebeu o diagnóstico de que estava com uma doença rara, degenerativa e que tinha pouco tempo de vida.
Mas o que ninguém sabe foi o que eu falei para ele naquele dia.
Eu disse: "E aí, pai, cadê seu Deus todo-poderoso? Não vai pedir pra Ele te salvar?". Meu pai não disse nada.
Alguns meses depois, ele parou de andar e falar. Ele pegou o iPad e escreveu: "Me leve na igreja".
Eu respondi: "Pô, sério? Você espera parar de andar e falar pra ir pedir pra Deus te salvar?". Ele riu.
Coloquei meu pai na cadeira de rodas e fomos até a igreja. Quando a missa acabou, eu perguntei: "E aí, pai, pediu pra Ele te salvar?".

✳

Ele respondeu: "Não".
E eu disse: "Pô, domingo, maior sol, sério, o que você veio fazer aqui?".
Ele respondeu: "Eu vim agradecer a vida que Deus me deu. Aos vinte e três países que eu pude conhecer. Aos três filhos que eu sempre quis ter. Aos meus irmãos e amigos que eu nunca vou esquecer. Mas, principalmente, a minha mulher, o anjo que o senhor me enviou, que sempre esteve ao meu lado no amor e na dor".
Todo mundo aqui sabe.
Em 2015 meu pai faleceu.
O que ninguém sabe é que, alguns anos depois, eu acordei um dia de madrugada, ajoelhei ao lado da minha cama, olhei para cima e disse: "Ei, Deus. É o Ique, beleza? Eu não sei se estou maluco em estar olhando pra cima e conversando com alguém que nem sei se está aí ou se existe. Mas vamos lá. Desde que você tirou meu pai de mim, eu nunca mais consegui ser feliz. Se você realmente existir, poderia por favor me enviar algo que me faça novamente sorrir? Valeu! Opa... foi mal. Amém".
Alguns meses depois, Mari, eu te conheci.
A primeira coisa que você me perguntou foi:
"E aí, você acredita em Deus?"
Eu pensei: *Sério, Deus? Sério, Pai? Vocês estão aí em cima rindo de mim agora.*
E sorri.
Você perguntou: "Esse sorriso é um sim?".
Eu balancei a cabeça e te abracei.
E foi dentro dos seus braços
que eu senti pela primeira vez
que Deus e meu pai estavam ali.
Foi no seu beijo que senti
que meus dias solitários tinham chegado ao fim.
Foi o seu coração
que me tirou da escuridão.
Foi o seu jeito encantador
que me fez superar toda minha dor.

Foi a sua luz interior
que me mostrou novamente o amor.
Foi no dia que te pedi em casamento e você disse sim
que eu finalmente voltei a ser feliz.
E por tudo isso eu estou aqui
pedindo mais uma vez a sua mão.
Mas, antes de ouvir sua resposta, eu preciso fazer algo
agora...
Mari, feche os olhos...
"Ei, Deus, é o Ique, beleza? Obrigado pela vida que você me
deu.
Pelo meu pai que está aí, pela minha mãe, que mesmo
com câncer, está aqui cuidando de mim e lutando até o fim.
Aos meus irmãos, que nunca desistiram de mim. Aos meus
amigos, à minha nova família e a todas as pessoas amadas
e queridas que estão aqui. Mas obrigado principalmente
à minha futura esposa, minha melhor amiga, o anjo que
você me enviou, que me salvou e que sempre esteve ao
meu lado no amor e na dor. Amém."
Mari, coisa linda. Abra os olhos.
Aqui estamos nós.
E agora todo mundo sabe.
Eu sou escritor.
E você, meu grande amor.

✺

No momento em que termino este livro,
no início de 2023,
eu e minha mãe
continuamos lutando contra o câncer.

✺

MÚSICAS CITADAS NESTE LIVRO

Damage. Interpretada por Caleb Hearn. Escrita por Alex Borel, Austin Pardue, Caleb Hearn e Colin Foote. Produzida por Colin Foote e Alex Borel. Fonte: Nettwerk Music Group.

The Wire. Interpretada por Patrick Droney. Escrita por Drew Kennedy, Jon Stark e Patrick Droney. Produzida por Jon Stark e Patrick Droney. Fonte: Warner Records.

Falling. Interpretada por Oh Gravity. Fonte: WeWolve Music.

Best Kept Secret. Interpretada por k.d. lang, Laura Veirs e Neko Case. Escrita por Laura Veirs. Produzida por case/lang/veris e Tucker Martine. Fonte: Anti/Epitaph.

You & I. Interpretada por Picture This. Escrita por James Rainsford e Ryan Hennessy. Produzida por Jimmy Rainsford. Fonte: Universal Records.

Favorite Place. Interpretada por Humbear. Escrita por Danielle Green, Nick Brophy e Zack Green. Fonte: Humbear/Tone Tree Music.

Forces. Interpretada por Jill Andrews. Escrita por Jeremy Lutito, Jill Andrews e Peter Groenwald. Fonte: Vulture Vulture/Tone Tree Music.

Never Change. Interpretada por Picture This. Escrita por James Rainsford e Ryan Hennessy. Produzida por Jacquire King. Fonte: Universal Records.

Damn You for Breaking My Heart. Interpretada por Caitlyn Smith. Escrita por Caitlyn Smith, Gordie Sampson e Rollie Gaalswyk. Produzida por Christian "Leggy" Langdon. Fonte: Monument Records.

You are Amazing. Interpretada por Marnix Emanuel. Escrita por Maria Monteleona e Marnix Emanuel. Produzida por Marnix Emanuel. Fonte: Golden Love Music.

✳

We'll Be Fine. Interpretada por Luz. Escrita por Luz Corrigan. Produzida por JMAC (Jamie Macneal) e Luz. Fonte: Platoon.

The Farmer. Interpretada por Sons Of The East. Fonte: Sons Of The East Music.

Please Keep Loving Me. Interpretada por James TW. Escrita por James Taylor-Watts e JT Harding. Produzida por Nick Ruth. Fonte: Island Records.

You Got Me. Interpretada por Gavin DeGraw. Escrita por Diane Warren. Produzida por Martin Johnson. Fonte: RCA Records Label.

Something More. Interpretada por Joshua Hyslop. Escrita por Joshua Hyslop. Produzida por John Raham. Fonte: Nettwerk Music Group.

Love You To Death. Interpretada por Chord Overstreet. Escrita por Chord Overstreet e Nick Ruth. Produzida por Nick Ruth. Fonte: Chord Overstreet.

Free. Interpretada por Zion Goins. Escrita por Zion Gunnar Goins. Fonte: Golden Key Records.

In & Out. Interpretada por Casey McQuillen e John McLaughlin. Escrita por Casei MqQuillen, Charles Humenry e Hadley Kennary. Produzida por Charles Humenry. Fonte: Plymouth Rock Recording.

New Moon. Interpretada por Birdy. Escrita por Daniel Tashian, Ian Fitchuk e Jasmine Van Den Bogaerde. Produzida por Daniel Tashian e Ian Fitchuk. Fonte: Atlantic Records UK.

Got the Love. Interpretada por James Smith. Escrita por James Smith e Oliver Fox. Produzida por James Smith. Fonte: Bad Music.

I'm Here. Interpretada por Sweet Talk Radio. Fonte: Twopop Music.

Moments. Interpretada por Link Lewis. Escrita por Link Lewis. Produzida por Nick Keliris. Fonte: Ellemer Records.

Falling. Interpretada por Wolf and Willow. Fonte: Independent.

✱

Wherever I May Go. Interpretada por Jake Etheridge e Stefanie Scott. Escrita por Jake Etheridge e Madonna Marie Ringel. Fonte: Jake Etheridge.

Trying My Best. Interpretada por Anson Seabra. Escrita por Anson Long-Seabra. Produzida por Anson Long-Seabra. Fonte: Seabra Songs.

Still. Interpretada por David Nevory. Escrita por David Nienhaus. Fonte: Saint In The City Records.

Lego Bricks. Interpretada por Euan Allison e Lily Williams. Escrita por Euan Allison e Lily Williams. Produzida por Euan Allison. Fonte: Frequency Recordings.

Take It Slowly. Interpretada por Garrett Kato. Escrita por Garrett Kato. Produzida por Garrett Kato. Fonte: Nettwerk Music Group.

If You Ask Me To. Interpretada por Charli d'Amelio. Escrita por Austin John Sexton, Charli d'Amelio, Emi Secrest e Michael Schiavo. Produzida por Austin John Sexton e Greg Keller. Fonte: DAM FAM Records.

Carry On. Interpretada por NOAHS. Escrita por Bruno Bastos Nogueira, Danilo Teodoro Brito e Murilo Teodoro Brito. Fonte: NOAHS [dist. Tratore].

Beautiful & Brutal. Interpretada por Plested. Fonte: NOWNERE-NEAR Records.

Falling Like The Stars. Intepretada por: James Arthur. Escrita por: Anders Albin Höjer, James Arthur e Jamie Graham. Produzida por: Alex Beitzke Spence. Fonte: Columbia Local.

For You. Interpretada por My Sun and Stars e Tom Auton. Escrita por Adam Spector e Emma Patterson. Fonte: Fireflyy.

Drops of Jupiter (Tell Me). Interpretada por Train. Interpretada por Paul Buckmaster e Train. Escrita por Charlie Colin, James Stafford, Pat Monahan, Robert Hotchkiss e Scott Underwood. Produzida por Brendan O'Brien. Fonte: Columbia/Legacy.

Fate Don't Know You. Interpretada por Desi Valentine. Fonte: Desi Valentine.

Rest Of Our Lives. Interpretada por The Light the Heat. Escrita por Jesse Proctor, Mike Mains e Nathan Horst. Produzida por Nathan Horst e Jesse Proctor. Fonte: Nettwerk Music Group.

Hard to Find. Interpretada por Cayson Renshaw. Escrita por Cayson Renshaw. Fonte: Cayson Renshaw.

Sunday. Interpretada por Lawson Hull. Escrita por Lawson Thomas Hull e Samuel James Morris. Produzida por Lawson Hull. Fonte: Nettwerk Music Group.

Consolation Prize. Interpretada por Ken Yates e Katie Pruitt. Escrita por Ken Yates. Produzida por Jim Bryson. Fonte: Ken Yates.

The Hardest Love. Interpretada por Dean Lewis. Escrita por Dean Lewis e Dylan Nash. Produzida por Dean Lewis, Dylan Nash, Tyler Johnson e Doug Showalter. Fonte: Universal Music Australia Pty. Ltd.

Smell Like Him. Interpretada por Picture This. Escrita por James Rainsford e Ryan Hennessy. Produzida por Jacqueire King. Fonte: Universal Records.

London's Song. Interpretada por Matt Hartke. Escrita por Andrew Austin e Matt Hartke. Produzida por David Baron. Fonte: Beachboy.

All Is Well. Interpretada por Austin Basham. Escrita por Austin Basham e Austin Luke Basham. Produzida por Tyler Neil Johnson. Fonte: Nettwerk Music Group.

Hurt. Interpretada por Lady A. Escrita por Bem West, Jon Green e Melissa Peirce. Produzida por busbee. Fonte: Capitol Records Nashville.

Give & Take. Interpretada John Marc. Escrita por John Marcus Kohl. Fonte: John Marc Music.

Another Minute with You. Interpretada por Ryan McMullan. Escrita por Ryan McMullan. Produzida por Sean Og Graham. Fonte: Believe.

Clean. Interpretada por Travis Atreo. Escrita por Imogen Heap e Taylor Swift. Fonte: Travis Atreo Productions.

Universe. Interpretada por Hudson Moore. Escrita por Hudson Moore. Fonte: Moorejamz LLC.

Tell Me. Interpretada por Hunter Hayes. Escrita por Barry Dean, busbee e Hunter Hayes. Produzida por Hunter Hayes, Dan Huff e busbee.

You Feel Like Home. Interpretada por Hills x Hills. Fonte: Hills x Hills.

Could It Be Any Harder. Interpretada por The Calling. Escrita por Aaron Kamin e Alex Band. Produzida por Marc Tanner. Fonte: RCA Records Label.

Easy On Me. Interpretada por Adele. Escrita por Adele Adkins e Greg Kurstin. Produzida por Greg Kurstin. Fonte: Columbia.

You Are The Reason. Interpretada por Calum Scott. Escrita por Calum Scott, Corey Sanders e Jon Maguire. Produzida por Fraser T. Smith. Fonte: Capitol Records (US1A)

* * *

Editora Planeta Brasil | 20 ANOS

Acreditamos nos livros

Este livro foi composto em Le Monde Livre e impresso pela Gráfica Santa Marta para a Editora Planeta do Brasil em abril de 2023.